하루 한 권 학습만화 18
세계의역사

KB175869

## 일러두기

이 책은 세계사를 바라보는 다양한 시각 및 국제정치적 감각을 길러주기 위한 목적으로 기획되었다. 원서는 비교 역사학을 토대로 서술되어 특정 국가의 시각에 치우치지 않고 세계 각국의 다양한 역사적 사실에 기반을 두고 있다. 다시 말해 우리 민족의 관점으로 바라본 세계사가 아님을 밝힌다.

다만 역사라는 학문의 특성상 우리나라 학계 및 정서에 맞지 않는 영토분쟁·역사적 논쟁점도 분명히 존재한다. 편집부 역시 이러한 사실을 인지하고, 국내 정서와 다른 부분은 되도록 완곡한 단어로 교정했다. 그러나 오늘날 발생하는 수많은 역사 분쟁을 다양한 시각에서 논의할 수 있도록 필요한 부분은 원서의 내용을 살려 편집했다. 교육 자료로 활용하거나 아동이 혼자 읽는 경우 이와 같은 부분에 지도가 필요할 수 있음을 당부드린다.

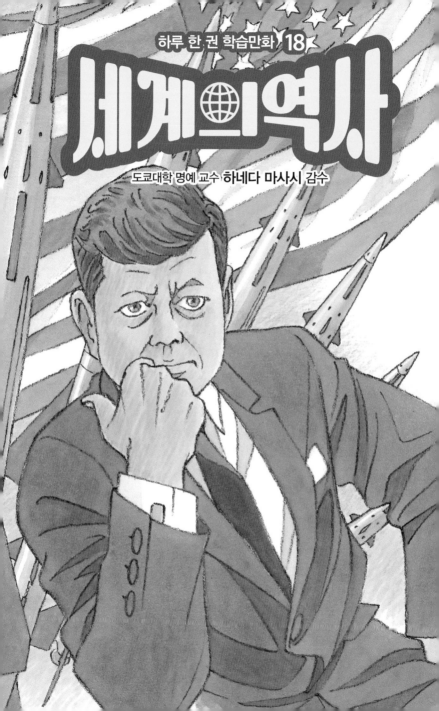

하루 한 권 학습만화 **18**

# 세계의역사

도쿄대학 명예 교수 **하네다 마사시** 감수

## 제1장 세계를 뒤흔드는 초강대국 간의 대립

미국과 소련의 대립으로 세계에는 핵 전쟁의 위기감이 감돌며 긴장과 완화가 거듭되었다.

**사회주의** ◄┄┄┄┄┄┄┄┄┄► **자유주의**

### 소련

**니키타 흐루쇼프**

스탈린 격하 운동을 이끌고, 미국과의 관계 개선 등 평화공존을 모색함

대립 / 핫라인 설치

### 미국

**존 F. 케네디**

쿠바 미사일 위기로 인한 소련과의 핵전쟁을 피하고 부분적 핵실험 금지 조약을 맺음

**아이젠하워**

군축에 힘씀. 제네바 회담에 참가함

처형 →

### 헝가리

**너지 임레**

소련의 손아귀에서 벗어나기 위해 노력함

### 체코슬로바키아

**알렉산데르 둡체크**

자유화를 추진했으나 탄압받음

**린든 존슨**

공민권 운동을 받아들여 「공민권법」을 제정함

**마틴 루터 킹**

흑인의 공민권 운동을 주도한 미국의 목사

### 쿠바

**피델 카스트로**

바티스타 정권을 무너뜨리고 사회주의 국가를 건설함

---

## 제2장 중국의 문화대혁명과 동아시아의 발전

중국이 대약진 운동과 문화대혁명의 여파로 혼란스럽던 이 시기, 대한민국과 일본은 고도 경제성장을 이룩했다.

**마오쩌둥**

대약진 운동에 실패해 실각하나 이후 문화대혁명을 일으킴

↔ 대립

### 대만

**장제스**

유엔에서 중국 대표권을 잃자 항의하고 탈퇴함

**펑더화이**

루산 회의에서 대약진 운동을 비판해 실각함

**저우언라이**

중국의 근대화를 추진하고 외교에서 활약함

중국

### 일본

**이케다 하야토**

국민소득 배증계획을 발표하고 경제를 성장시킴

**류사오치**

대약진 운동을 비판하며 마오쩌둥과 대립함

**덩샤오핑**

경제성장을 목표로 개혁개방 정책을 추진함

### 티베트

**달라이 라마 14세**

티베트 봉기를 벌이고 인도로 망명함

↑ 독립운동

지원 ↓

### 북한

**김일성**

중국의 지원을 받아 군사력을 강화함

### 대한민국

**박정희**

독재정치를 토대로 삼아 경제성장을 이룩함

---

### 주요사건

**1962년**
쿠바 미사일 위기 발생

**1966년**
문화대혁명 시작

**1969년**
아폴로 11호 달 착륙 성공

**1973년**
석유 파동 (오일쇼크)

# 제3장 베트남 전쟁과 미국의 실패

미국은 베트남 전쟁에 군사 개입했으나, 전쟁이 장기화되고 피해가 늘어나면서 미국 내의 반전 운동이 거세졌다.

**베트남 민주공화국**

**호찌민** — 베트남의 독립과 통일을 이룩하기 위해 베트남 전쟁에서 미군과 싸움

대립 →

**NLF** — 남베트남 민족해방전선. 남북 베트남의 통일을 지향함

지원 →

대립 ↕

**베트남 공화국**

**응오딘지엠** — 미국의 지원으로 대통령이 됨. 부패와 탄압으로 반발을 초래함

대립 ↑

**미국**

**리처드 닉슨** — 베트남 전쟁에서 철수하고 베트남과 평화협정을 맺음

**헨리 키신저** — 대통령 보좌관으로 닉슨의 외교 정책을 지지함

지원 ↑ (응오딘지엠)

대립 (호찌민)

# 제4장 중동 전쟁과 혁명

서아시아 각국에는 아랍 민족주의를 기반으로 하는 혁명이 일어났다. 한편 팔레스타인을 둘러싸고 네 차례의 전쟁이 발발했다.

**소련**

**니키타 흐루쇼프** — 제2차 중동 전쟁에서 이집트를 지지함

**안드레이 그로미코** — 아프가니스탄에 군사를 파병함

지지 →

**이집트 공화국**

**가말 압델 나세르** — 이집트 혁명을 일으킴. 훗날 대통령으로 당선됨

**안와르 사다트** — 친미 노선으로 돌아서 군사력 강화를 도모함

협력 ↔

**PLO**

**야세르 아라파트** — 팔레스타인 해방기구(PLO)의 제3대 의장. 치열한 무장투쟁을 벌임

협력 ↔

**시리아**

**하페즈 알아사드** — 아랍 민족주의를 표방하는 바트당의 대통령

**이라크**

**사담 후세인** — 바트당의 대통령. 이란 – 이라크 전쟁에서 이란과 대립함

**이스라엘**

**다비드 벤구리온** — 아랍과의 갈등으로 제2차 중동 전쟁이 발발하자 이집트를 섬멸함

**메나헴 베긴** — 사다트와 협상함으로써 평화 조약을 체결함

대립 ↓

평화 합의

**이란**

**팔레비 2세** — 독재정치를 토대로 서구화를 강행해서 혁명을 초래한 샤

타도 ←

**루홀라 호메이니** — 이란 혁명을 일으키고 이란 이슬람 공화국을 수립함

대립 (이라크)

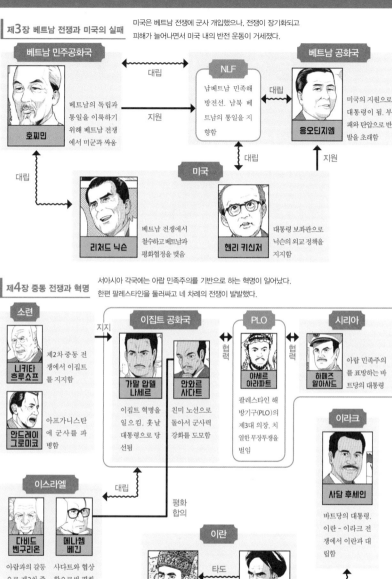

# 독자여러분께

## ·18·

## 냉전과 흔들리는 초강대국

도쿄대학 명예 교수 **하네다 마사시**

10권은 미국 주도의 서방 자유주의 진영과 소련 주도의 동방 사회주의 진영이 첨예하게 대립하던 '냉전' 시대를 다룹니다. 세계가 요동치던 20세기 중반부터 1980년대까지의 시기죠. 미국과 소련은 직접 나서 싸우지는 않았지만, 쿠바와 동유럽의 정세를 둘러싸고 서로 대립하면서 군사·과학 기술 분야에서 치열하게 경쟁했습니다.

베트남과 서아시아에서는 양 진영의 지원을 받는 세력들 사이에 전쟁이 일어났습니다. 그렇게 미국은 베트남 전쟁에 본격적으로 개입했으나, 현지인들의 반발과 끈질긴 저항으로 인해 패퇴했습니다.

그 사이 동아시아에서는 대한민국이 일본과의 관계를 정상화했습니다. 이 무렵 일본은 미군정으로부터 주권을 되찾고 고도 경제성장을 이룩하고 있었죠. 중국에서는 정치를 둘러싸고 갈등이 격해지는 한편 문화대혁명이 시작되었습니다.

한편 같은 사회주의 국가였음에도 소련과 중국 사이에는 견해 차이가 있었는데, 그 갈등이 점차 커지게 된 결과 중국이 미국과 접촉하기에 이르렀습니다. 이후 일본과 중국 사이에도 평화조약이 맺어졌습니다.

이 시기에는 아시아에 이어 아프리카에서도 제국주의 열강의 식민 지배에서 벗어나 독립하는 국가가 잇따랐습니다. 그 결과 역사상 처음으로 전 세계의 육지 대부분이 독립국으로 채워지게 되었죠. 덧붙여 이러한 독립국 중에는 동서 양 진영과 거리를 두는 나라들도 있었습니다.

그렇다면 이제 1980년대의 세계지도를 보며 각국이 어떤 자세를 취했는지 확인해 보시길 바랍니다.

# 당부의말씀

- 이 도서의 원서는 일본 문부과학성이 발표한 '2008 개정 학습지도요령'의 이념, '살아가는 힘'을 기반으로 편집되었습니다. 다만 시대상을 반영하려는 저자의 의도적 표현을 제외하고, 역사적 토론이 필요한 표현은 대한민국 국내의 정서를 고려해 완곡하게 수정했습니다.

...........................................................

- 인명·지명·사건명 등의 명칭은 대한민국 초·중·고등학교 교과서를 바탕으로 삼되, 여러 도서·학술정보를 참고해 상대적으로 친숙한 표현으로 표기했습니다.

...........................................................

- 대체로 사실로 인정되는 역사를 기반으로 구성했습니다. 다만 정확한 기록이 남지 않은 등장인물의 경우, 만화라는 장르를 고려해 쉽고 재미있게 읽을 수 있도록 대화·배경·의복 등을 임의로 각색했습니다. 또 역사의 흐름을 이해하는 데 도움이 되도록 만화에 가공인물을 등장시켰습니다. 이러한 가공인물에는 별도로 각주를 달아 표기했습니다.

...........................................................

- 연도는 서기로 표기했습니다. 사건의 발생 연도나 인물의 생몰년이 불분명한 경우에는 일반적으로 통용되는 시점을 채택했습니다. 또 인물의 나이는 앞서 통용된 시점을 기준으로 만 나이로 기재했습니다.

...........................................................

- 인물의 나이는 맞춤법에 어긋나더라도 '프리드리히 1세'처럼 이름이 같은 군주의 순서 표기와 헷갈리지 않도록 '숫자 + 살'로 표기했습니다. 예컨대 '스무 살, 40세'는 '20살, 40살'로 표기했습니다.

시대의 흐름을 파악하자! 그림으로 보는 역사 내비게이션

# 1960년대의 세계

하네다 마사시 교수님

이 무렵 냉전의 양상이 변화하면서 미국과 소련은 평화공존의 길을 모색하기 시작했어요. 한편 아시아 · 아프리카 지역이 잇따라 독립하면서 전 세계에는 독립국이 폭발적으로 늘어났습니다.

## 마오쩌둥의 '대약진 운동'
(1958년) **C**

사회주의를 공고히 하고 산업을 빠르게 근대화하려고 했으나 실패로 끝남

## 베트남 전쟁과 거세지는 반전 운동(1967년경) **B**

미국 내에 베트남 전쟁을 반대하는 운동이 활발하게 일어남

## 미일 안전보장 조약 개정
(1960년)

미일 안전보장 조약을 개정하는 데 반대하는 민중들이 국회를 에워쌈

## 쿠바 혁명(1959년) **A**

'피델 카스트로'를 비롯한 혁명가들이 친미 노선인 바티스타 정권을 무너뜨리고 사회주의 국가를 수립함

① 소련에서는 스탈린이 사망하고, 권력을 잡은 '흐루쇼프'가 미국과 대화하기 시작했어요.

 ② 그동안 미국과 소련은 나라의 위신을 걸고 우주 개발 분야에서 경쟁해왔죠?

 ③ 그러다 미국은 아폴로 계획을 세워서 달에 인류를 보내고자 했어요.

 ④ 아시아·아프리카에서 독립하는 나라가 잇따르던 1960년을 '아프리카의 해'라고 부릅니다. 한편 고도 경제 성장을 이어가던 일본에서는 1964년 도쿄 올림픽을 개최했답니다.

## 동독의 베를린 장벽 건축
### (1961년)

동독이 번영한 서독으로의 이주를 막기 위해 서베를린 주변에 장벽을 쌓음

## 소련의 유인위성 발사 성공
### (1961년)

인류 역사상 최초로 보스토크 1호에 탑승한 '유리 가가린'이 우주비행에 성공함

## 미국의 북베트남 폭격
### (1965년)                                D

미국이 북베트남의 주요 시설들을 폭격하며 본격적으로 군사 개입을 시작함

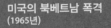

## 알제리 전쟁의 끝과 독립
### (1962년)

프랑스와의 전쟁이 끝나고 알제리의 독립이 승인됨

◀ 다음 페이지에서 자세한 설명을 확인하세요

**A**

## 쿠바 미사일 위기 발생

혁명을 거친 쿠바에는 사회주의 국가가 들어섰다. 이후 소련이 쿠바에 핵미사일 기지를 건설하자 이에 반발한 미국은 해상봉쇄에 나섰다. 그렇게 양국 간의 긴장이 고조되었으나 소련의 흐루쇼프가 미사일 배치를 중단시켜 전쟁을 피할 수 있었다.

## 워싱턴 대행진 (공민권 운동)

**B**

미국에서는 베트남 전쟁에 대한 반전 운동이 거세지기 전까지, 흑인들이 백인과 같은 권리를 요구하는 '공민권 운동'이 활발했다. 1963년 20만 명 이상의 군중이 워싱턴으로 대행진을 벌이자, 이듬해 「공민권법」이 제정돼 법적으로 인종차별이 금지되었다.

'마오쩌둥'은 대약진 운동의 실패 이후 권력을 되찾기 위해 자신과 대립하는 '류사오치'와 '덩샤오핑'을 자본주의를 지향하는 '주자파'라고 매도해 실각시켰다. 또 '홍위병'을 내세워 지식인들을 탄압하면서 중국은 대혼란에 빠졌다.

미국은 1965년부터 북베트남에 대규모 공습을 가하고 남베트남에 전투 부대를 파견했다. 이후 남베트남 민족해방전선의 게릴라 작전에 시달리던 미군은 각지에서 소탕 작전을 개시했다.

| 프리카, 서·남·동남아시아 | 중국 대륙·한반도 | | 일본 |
|---|---|---|---|
| | 중국 | 대한민국 | |
| | 제1차 5개년 계획 (1953~1957) | 한국 전쟁 (1950~1953) | 샌프란시스코 강화 조약 / 미일 안전보장 조약(1951) |
| | | 한미 상호방위 조약(1953) | |
| 베트남 공화국 수립(1955) | 🧍마오쩌둥 (1949~1959) | 사사오입 개헌 (1954) | 고도경제성장 시작(1955) |
| 🧍가말 압델 나세르 (이집트 \| 1956~1970) | 티베트 반중 봉기 (1956) | | 소련과의 국교 회복(1956) |
| 이집트의 수에즈 운하 국유화 선언(1956) | '대약진 운동' 개시 (1958) | | 유엔 정식 가입(1956) |
| 제2차 중동 전쟁(1956) | 달라이 라마 14세의 독립선언 및 망명 (1959) | | |
| 가나 독립(1957) | | | |
| 남베트남 민족해방전선 결성(NLF, 1960) | 🧍류샤오치 (1959~1968) | 4·19 혁명(1960) | 안보 투쟁(1960) |
| 아프리카 국가들의 잇따른 독립 (아프리카의 해, 1960) | 중국–인도 국경 분쟁 (1962) | 5·16 군사정변 (1961) | ○ 세계대전 이후 최대 규모의 반미 운동 |
| | 중소 분쟁 격화(1963) | 🧍박정희 (1961~1979) | |
| | | 제1차 경제개발 5개년 계획 (1962~1966) | |
| 팔레스타인 해방기구 설립(PLO, 1964) | 핵실험 성공(1964) | | 도쿄 올림픽·패럴림픽 개최(1964) |
| 베트남 전쟁(1965) | | 한일 기본 조약(1965) | |
| ○ 전쟁이 격화되며 미군이 북폭을 개시 제3차 중동 전쟁(1967) | 문화대혁명 시작 (1966) | 제2차 경제개발 5개년 계획 (1967~1971) | 국민총생산(GNP) |
| 동남아시아 국가연합 결성(ASEAN, 1967) | | | 세계 2위 도달(1968) |
| 🧍야세르 아라파트 (팔레스타인 해방기구, 1969~2004) | 중국–소련 국경 분쟁 (1969) | | |
| 요르단 내전(1970) | 유엔의 중국대표권 승인(1971) | 새마을 운동 (1970~1979) | 오사카 만국 박람회(1970) |
| | 닉슨의 중국 방문 (1972) | 제3차 경제개발 5개년 계획 (1972~1976) | 미국의 오키나와 반환(1972) |
| | | | 중국–일본 국교 정상화(1972) |
| 파리 평화협정(베트남 평화협정, 1973) | | 「유신헌법」 제정 (1972) | 석유 파동(1973) |
| 제4차 중동 전쟁(1973) | | | |
| 제1차 석유 파동(1973) | | | |
| 베트남 통일 (베트남 사회주의공화국 수립, 1976) | 저우언라이·마오쩌둥 사망(1976) | 제4차 경제개발 5개년 계획 (1977~1981) | 제1차 G6 정상회의(1975) |
| 이란 혁명(1979) | ○문혁파 실각 덩샤오핑 실권 장악 | 부마 민주 항쟁 | 중일 평화우호 조약(1978) |
| 이집트–이스라엘 평화조약(1979) | 4대 현대화 채택(1978) | 박정희 암살 (10·26 사건, 1979) | |
| 이란–이라크 전쟁(1980) | 미국과의 국교 정상화(1979) | | |

쇼와 시대

| 연대 | 남 · 북아메리카, 서유럽 | | | 소련 · 러시아, 동유럽 | | |
|---|---|---|---|---|---|---|
| | 미국 · 라틴아메리카 | 영국 · 프랑스 | 서독 | 동독 | 동유럽 | 소련 |
| 1950 | 🔴드와이트 D. 아이젠하워 (1953~1961) | 🔴엘리자베스 2세 (영국 / 1952~) | | | | 스탈린 사망(1953) 🔴니키타 흐루쇼프 (1953~1964) |
| 1955 | | | | | | 바르샤바 조약 기구 결성(1955) |
| | 제네바 정상회담(1955) | | | | | |
| | 쿠바 혁명(1959) | 🔴샤를 드골 (프랑스 / 1959~1969) | | | 폴란드 포즈난 봉기 (1956) 헝가리 혁명 (1956) | 스탈린 격하 운동 (1956) 흐루쇼프의 미국 방문 (1959) |
| 1960 | 🔴존 F. 케네디 (1961~1963) 쿠바 미사일 위기 (1962) | | | 베를린 장벽 건설 (1961) | | 쿠바 미사일 위기 (1962) |
| | 미국-영국-소련 부분적 핵실험 금지 조약(1963) | | | | | |
| | 존 F. 케네디 암살 ○부통령 린든 존슨 대통령 취임 (1963~1969) 「공민권법」 제정(1964) | | | | | 흐루쇼프 해임(1964) |
| 1965 | 베트남 전쟁 개입 (1965) 마틴 루터 킹 목사 암살(1968) 🔴리처드 닉슨 (1969~1974) 아폴로 11호 달 착륙 (1969) | 유럽공동체(EC) 출범(1967) 프랑스 5월 혁명(1968) 샤를 드골 퇴진 (프랑스 / 1969) 북아일랜드 분쟁 (영국 / 1960년대 후반~1998) | | | 프라하의 봄 (체코슬로바키아 자유화, 1968) | 🔴레오니트 브레지네프 (1964~1982) 바르샤바 조약군의 체코슬로바키아 침공 (1968) 중국-소련 국경 분쟁 (1969) |
| 1970 | 핵확산방지 조약 발효(1970) | | | | | |
| | 닉슨 쇼크(1971) 닉슨의 중국 방문(1972) | | | | | |
| | 미국-소련 제1차 전략무기제한 협상(SALT I) 조인(1972) | | | | | |
| | 베트남 철수(1973) 닉슨 대통령 사임 (1974) | | | | | |
| 1975 | 제1차 G6 정상회담(1975) | | | | | |
| | 미국-소련 제2차 전략무기제한협상(SALT II) 조인(1979) | | | | | |
| | 스리마일 섬 원자력 발전소 사고(1979) | | | | | 아프가니스탄 군사 개입(1979~1989) |
| 1980 | | | | | | |

# 냉전과 흔들리는 초강대국

## (1955년 ~ 1980년)

하루
한 권
학습만화

# 세계의 역사

# 18

# 목 차

## 제 1 장

〈자켓 및 표지〉 곤도 가쓰야 (스튜디오 지브리)

**글로벌한 관점으로 세계를 이해하자!**

세계사 내비게이터
**하네다 마사시** 교수

일본판 도서를 감수한 도쿄대학의 명예 교수. 세계적인 역사학자로 유명함

〈일러스트〉 우에지 유호

스
으

미국의
젊은 리더
~♪

그의
이름은
JFK~♪

JFK!
'존 F.
케네디'!

존 F. 케네디
(1917~1963)

젊은이들이
죽어간다
~♪

무고한
베트남
사람들과의
전쟁~♪

노래가
참 밝고
활기차네요!
관객들 모두
케네디에게
열광하고
있습니다.

어라?

갑자기
분위기가
어두워
지는데요?

척

미국은
케네디 시대
이후로
베트남 전쟁에
본격적으로
개입했죠.

앗, 실례를…
제1 서기인
'흐루쇼프' 씨
입니다!

나요!

니키타 흐루쇼프
(1894~1971)

지휘자는
서기장인
스…

흠흠,
그럼 다음은
소련 팀
합창단
입니다.

와
와

음
…

영희 씨,
엄청난
용기
입니다.

스탈린
격하 운동으로
일관한 분에게
그런 말씀을
…

아
이
쿠!!

뭣
…

전임자인
'스탈린' 씨와
달리 인상이
약간 흐릿
하셔서…

미국아~
너는 네 맘만
있냐~♪

긴장 완화는
허울뿐인 연출!
동유럽의
자유화는 허용치
않겠다~♪

자유주의
진영인
미국이
최대 라이벌
이었죠.

당시 소련은
사회주의
진영의 대표
였습니다.

동지여,
스탈린은
틀렸다
~♪

18

으악! 미국 팀이 난입했어요!

어이가 없네~ 친구 찾느라 낑낑대는 소련~♪

각각 세력만 확장하고 냉전 체제를 유지했어요.

하지만 양측 모두 직접적인 전쟁만큼은 피하고 싶었기에

숫자로 승부한다! 생산력을 높여라~♪

서유럽 따라잡고 앞질러라! 대약진~!

마오쩌둥
(1893~1976)

이어서 중국 인민 합창단 입니다!

으악

빠직

마오쩌둥의 지시로 추진된 대약진 운동은 크게 실패해

수천만 명이 사망했다고 하더군요.

이 녀석들

대약진… 할 줄 알았지만~ 수많은 동지가 굶어 죽었네~ ♪

으

와~ 의외네요.

소련과 사이가 틀어진 중국은 1970년대부터 미국에 다가가기 시작했어요.

호찌민!!

베트남 합창단 입니다.

그리고 마지막 팀은

**호찌민**
**(1890~1969)**

우리 이제 사이좋게 지내지 않을래~? 가까운 소련보다 먼 미국~ ♪

**저우언라이**
**(1898~1976)**

으응?

가, 갑자기?

베트남의 독립과 자유~♪

우리가 진실로 바라는 것은

사회주의와 자유주의, 양 진영 때문에~♪

우리나라가 둘로 갈라졌다 ~♪

으윽

끄으응

호찌민 씨, 어디 가세요?

어라?

이 무렵부터 독립을 이룩하게 됩니다.

지금껏 열강에 지배받아온 아시아와 아프리카 지역은

똑각 똑각

아프리카 여러분,

우리 함께 자유를 위해 노래하고 춤춥시다.

네에?

저는 이제 충분합니다.

뒷일은 젊은이들에게 맡기겠습니다.

자유와
독립을~
쟁취하자
~♪

와아-

와이-

와앗

와앗

인류는
평등해!
우리는 모두
한 가족~♪

한편으로
이 시기에는
인종과 성별 등
차별에 대한
인식도 개선
되었습니다.

세계를 뒤흔드는 초강대국 간의 대립

1953년
'스탈린'의
별장

집중!

예전에
공적을
세웠다고

앞으로도
계속
대접받을 거라
생각하면
큰 오산이야!

이오시프 스탈린
소련 최고지도자

어, 언제 숙청당할지 몰라. 방심하면 안 돼…

반동분자로 지목된 사람은 체포되었다.

제2차 세계대전 이후 소련에는 스탈린에 의한 숙청의 바람이 불어닥쳤고,

꿀꺽

회의 도중 몸이 좋지 않아 자리를 떠났던 스탈린은 결국 돌아오지 않았다.

잠깐 실례하지.

그러나ㅡ

유심

다음날 밤 쓰러진 그를 발견했을 때는 이미 가망이 없었다고 한다.

그의 노여움을 두려워한 주변 사람들은 상태를 살피러 가지 않았고

베를린 봉쇄와 한국 전쟁을 보면 알 수 있듯

지금까지의 방식은 오히려 서방 측의 연대를 강화할 뿐이야!

알겠나, 동지들!

스탈린이 죽은 뒤 두각을 드러낸 '흐루쇼프'가 실권을 잡았다.

**니키타 흐루쇼프**

미국은 수소폭탄을 개발하고 서독은 재무장을 추진했다. 이 결정으로 소련에 대한 위협만 더 늘어나게 된 것이다.

중국과 함께 북한을 지원해 한국 전쟁을 장기전으로 이끌었다. 이에 서방 진영은 경계를 한층 강화했는데,

이 시기 소련은 한반도를 비롯해 동아시아에 미치는 미국의 영향력을 억제하기 위해

1953년 7월 정전협정을 체결했다.

소련의 새 지도부는 미국과 싸우는 중국, 북한에 대한 지원을 중단하고

그 말씀은 한국 전쟁에서 당장 손을 떼야 한다는…?

나는 그렇게 생각하네.

여러분 생각은 어떠신가?

한편 소련 공산당 제1서기로 취임한 흐루쇼프는 '국가보안위원회(KGB)'를 새로 창설하고 주도권을 잡았다.

그는 동서가 대립하는 상황 속에서 해외에서 첩보 활동을 벌이는 KGB의 역할을 중요시했다.

서서히 소련의 지도자로 위상을 굳혀 나갔다.

1955년 2월 흐루쇼프는 '니콜라이 불가닌'을 총리로 앉히고

어떻게 처리할까요?

서방과의 평화 공존이 중요해.

스탈린이 취하던 외교 노선을 틀어야겠네.

일단 미국, 영국, 프랑스와 직접 이야기 나눠 보자고.

한편 이 즈음 미국에서는 동방에 대한 봉쇄 정책을 취하던 '트루먼'의 뒤를 이어

1953년 군축에 힘쓰던 '아이젠하워'가 대통령으로 취임했다.

**드와이트 D. 아이젠하워**
제34대 미국 대통령

음… 세계 평화를 위한 일이라면 그게 누구라도 만나야지!

크, 큰일입니다! 흐루쇼프가 대통령님을 만나고 싶어 합니다.

**스위스 제네바**

1955년 7월 소련의 제안으로 스위스 제네바에서 정상회담※이 개최되었다.

※ 미국·영국·프랑스·소련 4개국 정상이 모여 개최한 회의. 소련 측에서는 흐루쇼프와 불가닌이 참가함

28

저는 스탈린과는
다릅니다.
미국과 핵전쟁을
벌이고 싶지 않아요.

1945년 7월에 개최된
포츠담 회담 이후
미·소 양 대국의
정상이 직접 만난
것은 오랜만이었다.

동감입니다.
동서 양 진영으로
나뉜 유럽에 대한
해결책을 함께
찾아봅시다.

소련의 타협에
따라 일어난
이 냉전 체제의
완화를 '해빙'
이라고 한다.
이후 소련은
서독·일본 등의
국가와 잇따라
국교를 회복해
나갔나.

비록 제네바
정상회담은
구체적인 성과는
없었지만,
냉전 체제에서
평화공존으로
나아가는
첫걸음이 되었다.

1949년 미국이 자국을 중심으로 집단방위기구인 '북대서양 조약기구(NATO)'를 결성하자, 1955년 소련 역시 자국을 중심으로 동유럽 국가들과 군사동맹인 '바르샤바 조약기구'를 결성했다.

서방 측이 NATO를 결성했네!

우리도 그들에 대항해 동맹을 만드세!

그러나 이 '해빙' 시기에도 물밑으로는 대립이 계속되었다.

동지들…

앞으로 소련이 동방 진영을 아우르기 위해서는 그동안의 체제를 바꿔야 해! 그러려면…

**소련 공산당 대회장**

슬렁슬렁

폭력 없이도 사회주의로 나아갈 수 있다!

스탈린의 독재정치와 개인숭배, 숙청은 잘못되었다!

1956년 2월 소련 공산당 대회에서 흐루쇼프는 스탈린의 행적을 비판했다.

이 '스탈린 격하 운동'은 소련뿐만 아니라 해외에도 큰 충격을 주었다.

30

우리에게·빵을
ŽADAMY CHLEBA

1956년 폴란드

그러나 스탈린 격하 운동의 여파는 예상보다 빠르게 동유럽 국가들로 퍼져 나갔다.

당시 폴란드는 스탈린주의에서 벗어나지 못해 발언조차 자유롭게 할 수 없는 상황이었다.

노동자들의 시위를 시작으로 봉기가 일어났다. (포즈난 봉기)

민중들은 더 이상 참지 않았고

더 이상 소련의 횡포를 참지 않겠어!

스탈린 시대는 끝났다!

ŽADAMY CHLEBA

31

노동자들의 봉기를 저대로 내버려두면 분명 소련군이 개입할 거요.

흐음…

우리 손으로 노동자들을 억누를 수밖에 없는 건가…

안 돼… 그것만은 어떻게든 피해야 해!

와아아아

오오 오오 오오오

드르륵

드르륵 드르륵

빵

빵 빵

결국 노동자들의 시위는

서부 도시 포즈난

이렇듯 폴란드 정부에 의해 무력으로 진압되었다.

32

공산당의 일당독재는 쓸모없소. 정당제를 도입합시다.

오스트리아처럼 어느 진영도 아닌 '중립국'이 되는 거요!

그렇게 헝가리에서는 친소련 노선을 걷던 총리가 쫓겨나고

개혁파인 '너지 임레'가 총리로 취임했다.

**너지 임레**
헝가리 총리

!?

탈퇴도 선택지가 되겠지.

술렁술렁

상황에 따라서는

소련과 동맹을 맺은 이상 중립은 불가능하지 않습니까…

그치만 우리 헝가리는 바르샤바 조약기구에 가입돼 있습니다.

폴란드와 헝가리에서 일어난 시위를 신중히 바라보던 소련은…

음… 그런 상황만큼은 용납할 수 없네.

호루쇼프 제1 서기 동지, 어찌 할까요? 그냥 두면 다른 동방 진영 국가들도 따라할 듯 싶습니다.

그렇게 소련은 헝가리의 수도 부다페스트에 약 1천 대의 전차를 보내 철저하게 탄압했다.

개입하게나! 군사를 파병해 진압하지!

동유럽 국가들에 진영 이탈을 용납하지 않겠다는 뜻을 분명하게 밝힌 것이다.

헝가리에 개입한 건 사회주의를 위해서네!

헝가리 혁명에 개입한 소련군에 의해 수천 명의 시민이 죽고 약 20만 명이 타국으로 망명했다.

붙잡힌 너지는 소련에 끌려 갔다가 이후 헝가리로 돌려 보내져 처형되었다.

베를린
동서독 국경

비슷한 시기
동방 진영에
속해 있던 동독의
지도자들은
서독으로 망명하는
시민들을 문제로
여겼다.

당시 동베를린과
서베를린은 국경을
자유롭게 오갈 수
있어서 서독으로
망명하는 이들이
끊이지 않았는데,

아가,
할아버지
댁에 가자.

이, 이건!
어떻게
된 거야…?

인구 유출로
인해 국력이
약화될까 우려한
동독 정부는

부르르르르

1961년
8월

뭐야?

분명 어제까진 없었는데?

어디까지 이어지는 거야?

하루아침에 베를린 동쪽과 서쪽을 가로지르는 가시철조망을 치기에 이르렀다.

철책을 뚫고 망명하려는 동베를린 시민도 있었으나 경비병에게 사살되었다.

동베를린에 연로한 부모님께서 살고 계시는데 …

이제 못 보게 되는 거야 …?

이윽고 철책을 따라 높은 장벽이 세워졌다.

이것이 바로 '베를린 장벽' 이다.

흐루쇼프는 동유럽 각국의 시위를 진압하는 한편,

미국과의 공존을 모색하고 있었다.

소련은 미국과의 평화공존을 원합니다.

아울러 우리는 함께 군비를 축소해 나가야 합니다.

1959년 소련 최고 지도자로서는 최초로 미국을 직접 방문해

이렇게 양국의 긴장 완화 분위기는 고조되었다.

다음에 소련에 한 번 방문하시죠.

대통령인 아이젠하워와 회담을 하고 별장에 방문했다.

캠프데이비드
워싱턴 D. C. 교외

중국 베이징

미국은 사회주의 진영의 적이 아닌가.

이때 이러한 소련과 미국의 타협을 몹시 불쾌하게 지켜본 국가가 있었으니 바로 '중국'이었다.

저우언라이
중국 총리

마오쩌둥
중국 공산당
중앙군사위원회 주석

모든 노력을 기울여 경제를 발전시키고 국력을 길러야 합니다.

동감입니다.

공업화와 농업집단화를 추진해야 한다.

중국은 진정한 사회주의 국가로서 한다.

주석 동지, 소련의 정책은 이제 사회주의 국가답지 않습니다. 평화공존 노선은 '수정주의'*입니다.

중국은 미국과 타협하는 소련을 '수정주의'라고 비판하고 무모하다고 느껴질 정도의 농업·공업 생산력 강화 계획인 '대약진 운동'을 추진했다.

'대약진 운동'에 착수하라.

※ 목표인 공산주의로 가지 않고 노선을 바꾼 사회주의자에 대한 비난적 표현

이러한 가운데 스탈린주의를 유지하며 소련과 대립각을 세우던 동유럽 국가 알바니아는 중국과 소련 간에 분쟁이 일어나자 중국을 지지하며 지원을 받았다.

이로 인해 중·소 양국은 같은 사회주의 국가임에도 불구하고 서로를 비판하면서 갈등이 심화되었다.

소련의 경계심까지 불러 일으켰다.

중국의 핵보유는 적국인 미국뿐만 아니라

나라를 지키려면 반드시 핵무기를 보유해야 했다.

잘해주었다. 미국이나 소련 같은 초강대국의 위협에 굴하지 않고

이후 중국은 자력으로 핵개발을 추진 했는데,

1964년 10월 핵실험에 성공하며 새로운 핵보유국이 되었다.

발사!

중국 신장 위구르 자치구 핵실험장

그렇게 중국의 핵무기를 두려워한 소련은 중국을 표적으로 핵무기를 배치했다. 이로써 양국의 대립은 더욱 심해지게 되었다.

소련이 철수했음에도 우리 힘만으로 이러한 성취를 이룩하다니 너무나 기쁘구나.

한편
초강대국으로서
세계를 이끄는
리더 국가가 된
미국에서는

자국 내에 있는
공산주의자에
대한 경계심이
깊어져 가고
있었다.

미국 국회의사당

이는 1950년
상원의원
'조지프 매카시'
의 발언으로
시작된 탄압
이었는데…

지금 제 손에는
공산주의자들의
이름이 적힌
명단이 들려
있습니다.

우리가
그들을
추방해야
합니다.

그 대표적인
사례가 바로
'매카시즘'이라는
반공산주의
운동이었다.

자…
여러분,
아시겠습
니까?

조지프 매카시
상원의원

공산주의자는 해고야!

저길 봐! 저 인간 공산주의자야.

이 매카시즘으로 일어난 고발과 밀고로 인해

여기! 이 자는 공산주의자다!

공산주의자로 낙인 찍힌 직장인이나 정부 직원이 쫓겨났고,

공산주의자라는 혐의를 받아 활약하던 분야에서 퇴출되었다.

영화계 스타 '찰리 채플린'이나 극작가 '아서 밀러'를 비롯한 인물들도

한편으로 미국은 냉전 체제 아래서 공산주의를 봉쇄하기 위해 한국 전쟁에 참전하는 등 군비를 증강했다.

지출되는 군비가 너무 많은데, 어떻게 할 방법이 없겠소?!

핵무기를 개발해 배치하면 군비를 줄일 수 있지 않을까요?

한국 전쟁이 장기전이 되면서 군비가 늘고 있습니다.

이들은 점차 파괴력이 높은 핵무기에 강하게 의존하게 되었는데,

아이젠하워

핵무기를 중심으로 둘 수밖에 없겠어.

역시… 이제부터

쿠아아아앙

핵실험을 거듭하기에 이르렀다.

소련의 위협으로부터 자국과 서방 진영을 지키기 위해

1949년 소련이 핵개발에 성공한 뒤로

훗… 이것으로 미국을 따라잡았다.

으악으악으악!

1
2
3
!

발사!

이 무렵 세계 각국 또한 경쟁하듯 핵개발에 나섰는데…

결국 각국이 핵무기를 보유하게 되면서 전 세계는 언제 일어날지 모르는 '핵전쟁'을 두려워하게 되었다.

휘 이 이 익

1960년에는 프랑스가 핵실험에 성공했다.

프랑스는 다른 나라의 핵무기에 농락당하지 않는다!

그러기 위해선 핵무기를 보유하고 있어야 해!

1952년 에는 영국이

우리 영국은 강대국 이다!

그렇기에 핵무기를 갖는 건 당여한 일이다!

1961년 민주당의 '케네디'가 대통령으로 선출되었다.

이러한 가운데 미국에서는…

국가가 여러분을 위해 무엇을 할 수 있는지 묻지 말고

국민 여러분!

**존 F. 케네디**
제35대 미국 대통령

와아아아아아

여러분이 국가를 위해 무엇을 할 수 있는지 물으십시오.

43살에 불과한 젊은 대통령의 탄생에 미국 전역이 열광했다.

미국의 새로운 시대를 만들어 보이겠다…!

나는 용기 있는 행동으로

고도 경제성장·
건강보험 제도·
교육 보조·
우주 개발 등의
다양한 계획을
추진해 국민에게
인기를 얻었다.

케네디 정부는
미국을 활성화
하기 위해
'뉴 프런티어
(새로운 개척자)'
라는 방침을
내세우고

이는
아이젠하워
전 대통령의
지시사항
으로

이미
결정된
사안
입니다.

앨런 덜레스
CIA 국장

쿠바를
공격
한다고요
!?

그런
이야기는
처음
듣습니다!

그러나
출범한 지
얼마 지나지
않아 케네디
정부에 위기가
찾아왔다.

그리고
카스트로가
집권한 새로운
쿠바는 사회주의
노선을 택했다.

미국의 남쪽
카리브해에 위치한
쿠바에서는 1959년
'피델 카스트로'가
혁명을 일으켜
미국의 지원을 받던
'바티스타' 정권을
타도했다.

피델 카스트로

우리나라의 눈앞에 소련 진영의 국가가 수립되었습니다.

이는 즉… 어느 때고 우리 목에 칼을 들이밀 수 있다는 뜻입니다.

피그스 만을 통해 쿠바로 침공할 준비를 마쳤습니다.

마이애미

피그스 만

쿠바

카스트로를 무너뜨리기 위해 우리 측에 망명해온 쿠바인들을 훈련시켰고

그래서

남은 것은

대통령님의 결단뿐…

작전 준비는 완벽합니다…

사회주의 노선을 택한 쿠바가 미국의 군사 공격을 받았네.

알겠나, 동지들…

이에 소련의 크렘린에서는…

이걸로 우리 소련이 미국보다 우위를 점하게 될 거야.

후훗,

그야말로 일석이조 아닌가.

오오오오오

이번 기회에 쿠바에 미사일 기지를 건설하세나!

그럼 미국 본토를 사정권 내에 둘 수 있어!

미, 미사일 기지를 짓고 있잖아! 어서 사진을 찍어야 해.

찰칵

저건 뭐지?

결국 1962년 소련이 핵미사일 기지 건설에 돌입했는데…

**쿠바 상공 미공군 정찰기**

본격적인 핵전쟁이 일어나는 거죠.

그 즉시 소련이 보복할 겁니다.

즉각 기지를 공격해야 한다고

군 내에서도 목소리가 나오고 있습니다.

'우리 미국은 쿠바에 미사일이 배치되는 걸 원하지 않는다' 라고!

우선 소련 측에 메시지를 전하시죠.

대통령님… 핵전쟁을 피하기 위해

**로버트 F. 케네디**
법무장관 · 대통령의 동생

흐루쇼프도 양국 모두 공멸에 처하는 핵전쟁을 하고 싶진 않을 겁니다.

…분명

…

52

외교를 통해 평화적으로 이 위기를 벗어납시다!

호루쇼프 측에 친서를 보내 겠습니다!

파앗

건설 중인 기지에 핵미사일이 운반되지 않도록 쿠바 주변 해역을 봉쇄했다.

케네디는 소련 측에 친서를 보내는 한편 무력 충돌을 피하기 위해

미국 측에 조건을 달아야 한다!

우리가 양보 한다면

웃기지 마! 우리에게도 집념과 체면이 있다.

미사일이 배치되는 걸 원하지 않는다 …라고?

!

**소련 모스크바 크렘린**

케네디가 친서를 보내 왔습니다.

이대로 가다간 진짜 핵전쟁이 일어날 수도 있어.

우리가 우위를 점할 기회는 맞지만

당시 소련의 이웃국인 터키에 있던 미군 기지에는 중거리 핵미사일이 배치돼 있었다.

터키에 배치한 핵미사일 철거를 요구하게나.

미국에 조건을 걸지.

나쁘지 않은 조건이긴 하지만, 쿠바 기지를 포기하십니까?

!?

답신을 보낼 준비를 하게.

미국-소련 양국 간에 전면전이 일어나면

네? 아, 네!

세계는 파멸하고 마네.

54

흐루쇼프는 라디오 방송으로 쿠바에 미사일을 배치하지 않겠다 발표했다.

소련 군함이 철수 합니다!

조건에 응한 미국은 터키에 있는 핵미사일 철거를 약속했고

쿠바 앞바다

미국—소련 양국의 전면전 위기에서

중단 되었 습니다!

쿠바의 핵미사일 배치가

1962년 10월 28일

대통령 님!

오오오오오오오오오

세계는 아슬아슬 하게 비껴갔다.

이 사건을 '쿠바 미사일 위기'라고 부른다.

... 나행 이다.

…하지만 아직도 해야 할 일이 많습니다.

이후 미국—소련 양국은 국제위기 방지를 목적으로 '핫라인' 이라는 긴급통신 연락선을 설치해

언제든지 수뇌부끼리 연락을 취할 수 있도록 했다.

앞으로는 핵무기로 평화를 강요하지 맙시다.

새로운 미국으로 나아 갑시다!

영국을 포함해 부분적 핵실험 금지 조약※을 체결했다.

양국은 핵군축에도 힘써 1963년

※ 지하를 제외하고 대기권 안팎과 수중에서의 핵실험을 금지함

와 와 와 와

그러던
1963년 11월
케네디에게
비극이 문을
두드렸다.

스윽

탕 탕
탕 탕

아?

텍사스 주
댈러스를 방문해
퍼레이드를 하는
도중 한 괴한의
피격으로 암살된
것이다.

겨우 46살,
많은 국민이
뜻한 바를 전부
이루지 못한
그의 죽음을
애도했다.

어제 당 간부 회의에서

크, 큰일 입니다!!

무슨 일인데 그러나?

후다닥

동지의… 제1서기 및 총리 해임이 가결되었 습니다!

이듬해 소련에서는 흐루쇼프가 실각했다.

쿠바 미사일 위기 대응과 농업정책 실패 등을 추궁받아 그는 그렇게 공식 석상에서 모습을 감췄다.

그러나 자유주의와 사회주의가 대립하던 '냉전' 시기 최대 사건인 미사일 위기 이후에도

세계는 핵무기라는 공포에 계속 노출되었다.

이에 흑인들은 교육과 선거 등에서 백인과의 동등한 권리… 즉 '공민권'을 청원했다.

1954년 미국 연방 대법원은 공립학교에서 유색인종을 차별하는 정책을 위헌으로 판결했으나,

판결 이후에도 남부에는 흑인을 차별하는 법률이 사라지지 않았던 데다, 폭행 사건마저 수없이 일어났다.

오오오오오

폭력을 써서는 안 됩니다! 우리가 가진 유일한 무기는 항의뿐입니다!

이러한 가운데 비폭력주의를 바탕으로 버스 보이콧 운동에 앞장선 인물이 있었으니, 바로 '마틴 루터 킹' 목사였다.

**마틴 루터 킹 주니어**

여기에 운동을 지지하는 백인들도 가세했다.

인종 차별은 위헌 이다!

와 와 와 와

백인과 동등한 권리를 달라!

버스 보이콧 운동을 계기로 미국 각지에서 차별 철폐를 요구하는 시위가 일어났다.

이 모습이 텔레비전이나 신문 등에 보도되면서 국민들의 인식도 변하게 되었다.

이렇듯 운동을 이어가던 루터 킹은 반대하는 이들에게 폭력을 당하기도 했으나, 폭력에 저항하지 않고 차별에 대한 항의를 계속했다.

워싱턴 대행진에는 20만 명이 넘는 인원이 참가했다.

그것이 큰 파도가 되어

1983년 8월 28일

저벅 저벅

이듬해인 1964년 대통령 '존슨'이 「공민권법」에 서명했다.

의회에 제안했던 케네디 전 대통령의 법안이 드디어 통과된 것이었다.

린든 존슨
제36대 미국 대통령

루터 킹은 그 공적을 인정받아 노벨 평화상을 수상했다.

공공시설이나 음식점 등지에서 동등하게 대우받을 수 있는 권리가 보장되었다.

「공민권법」에 따라 모든 유색인종은 선거권뿐만 아니라 피부색 · 종교 · 출신 국가로 차별받지 아니하고

BALLOT

1968년
4월
테네시 주
멤피스

루터 킹은
머물고 있던
호텔에서
총살당했다.

그러나
그에게
찾아온
죽음은
급작
스러웠다.

당시 39살,
젊은 나이
였다…

루터 킹의
암살 소식은
전 세계에
보도되고

많은 이들이
장례식에
참석했다.

루터 킹이
눈을 감은
뒤에도 그의
사상을 토대로
공민권 운동은
확대되어 갔다.

흑인이
아닌 이들도
공민권을
청원하는
목소리를
냈는데…

미국은 1960년대부터 베트남 전쟁이 본격화되자 1965년에 이르러 적극적으로 개입하기 시작했다.

그중에서도 특히나 크게 펼쳐진 운동은 베트남 전쟁에 대한 반전 운동이었다.

반전 운동이 전국으로 확산되었다.

그러나 전쟁이 장기화되고 텔레비전 등으로 비참한 전황이 국민들에게 알려지면서

이 시기 대학생들은 자유를 요구하며 학교와 대립하고 개혁을 청원하는 학생 운동을 벌였는데,

곧이어 늘어나는 전사자와 군비 증강에 항의하는 대규모 반전 시위가 수차례 일어났다.

전쟁터라도 학살은 용납되지 않는다!

베트남에서 철수하라!

존슨 대통령은 즉각 군대를 철수시켜라!

STOP THE WAR NOW!

1968년 3월 프랑스 파리 대학에서는 학교와의 분쟁을 계기로 학생 운동이 격화돼 정부에 대한 반대를 호소하기에 이르렀다.

프랑스 파리

이러한 학생 운동은 미국을 넘어 전 세계로 퍼져 나갔다.

와아아아

와아아아

노동자들까지 이 학생 운동에 가담하면서

같은 해 5월 모든 대학에서 강의가 멈추고

프랑스에서는 이러한 사회 운동이 1960년대부터 1970년대에 걸쳐 활발하게 일어났다.

이를 '프랑스의 68운동' 이라고 한다.

기업·공장에서 영업이나 제조를 중단하고 항의하는 식의 총파업이 벌어졌다.

경제를 활성화 하라!

폭넓은 의견 교환을 허용하라!

지식인과 학생을 중심으로 자유화를 요구하는 움직임이 퍼져 가기 시작했다.

체코슬로바키아에서는 사회주의 계획 경제의 한계로

**체코슬로바키아 프라하**

와 아!

서방 국가에서 사회 운동이 한창이던 1968년,

지금까지의 검열제도를 폐지하고

언론의 자유를 보장합시다.

**알렉산데르 둡체크**
체코슬로바키아 공산당 제1서기

이러한 상황 속에서 '둡체크'는 '인간의 얼굴을 한 사회주의'를 구호로 내걸고 새로운 지도자로 취임했다.

이러한 자유화의 바람을 '프라하의 봄' 이라고 한다.

또 미니 스커트와 같은 서구 문화의 유입을 허용 했고

국영기업에만 허용하던 경제 활동을 민간기업에도 허용하는 식으로 개혁을 추진했다.

둡체크 정부는 언론과 집회의 자유를 인정해 여러 정당은 활발히 논의할 수 있게 되었다.

소련의 새로운
최고지도자
'브레지네프'가
사회주의 진영인
동유럽 국가들의
자유화를
저지하기 위해
나서면서

이대로 두면
다른 사회주의
국가에도
영향이 간다.

그러나
이 바람은
오래지
않아
그치고
말았다.

즉시
제압
하라!

레오니트 브레즈네프

사회주의
진영 전체의
이익 앞에서는
한 국가의 주권
따위 상관없다!

브레지네프는
이러한 사태를
정당화하기 위해
소련이 사회주의
국가의 주권을
제한할 수 있다는
'브레즈네프 독트린'
이론을 내세웠다.

소련군을
주축으로 하는
바르샤바
조약군이
프라하를
침공하고
국토 전역을
점령했다.

이윽고
둡체크는
소련으로
끌려갔다.
(체코 사건)

선제공격하라! 우리 중국이 소련과의 국경 문제에서 결코 물러서지 않는다는 걸 보여주어라!

비록 아직 힘이 부족한 우리 군이 맞서지 못한다 해도…

혹여 그런 일이 생기지 않도록 이쪽에서 선수를 쳐야 한다…

브레즈네프가 사회주의 국가의 주권을 제한하려고 드니 언젠가 우리 역시 주권을 제한당하거나 침공당할지 모른다.

이를 접한 같은 사회주의 국가인 중국은 크게 반발했다.

※ 흑룡강의 지류, 우수리 강의 중주.

다다다다다

위잉

큰일입니다! 중공군이 다만스키 섬에 상륙했습니다!

으악! 군대가 몰려 온다!

그렇게 1969년 3월 국경에 위치한 다만스키 섬에서 중국-소련 간에 군사 충돌이 일어났다.

다만스키 섬 (= 전바오 섬)

당시 중공군의 전력은 소련군보다 압도적으로 불리했기 때문에 소련군 사상자는 약 60명, 중공군 사상자는 약 800명에 달했다.

곧이어 전투 소식을 들은 브레지네프는 다만스키 섬에 군대를 파견했다.

이후 중국이 같은 사회주의 진영인 소련에 대항하기 위해 자유주의 진영인 미국과의 관계 개선에 나서면서

이제 소련은 적이다. 대항하려면 미국과 손을 잡아야 해!

그러나 아이러니하게도 미국-중국 간의 접촉을 들은 소련도 미국에 접근해 미국-소련 간에도 긴장이 완화되었다.

1972년 미국의 '리처드 닉슨' 대통령이 중국을 방문했다.

73

시간을 거슬러 1949년
제2차 세계대전 이후
중국 대륙의 국공 내전이
끝나가던 이 시기,

마오쩌둥이
이끄는 공산당은
중화인민공화국(중국)의
건국을 선포했다.

**마오쩌둥**
중국 공산당 최고지도자

곧이어 1950년 한반도에서 한국 전쟁이 발발하자 중국은 소련과 함께 북한을 지원했는데,

남한을 지원하는 미군보다 장비가 빈약했던 중공군은 많은 희생을 치르는 한편 경제까지 피폐해졌다.

이에 마오쩌둥은 한시라도 빨리 국력을 높여야 한다고 생각했다.

반면 내전에서 패배한 '장제스'는 타이완 섬으로 피신해 중화민국 (대만)의 지속을 선언했다.

**장제스**
중국 국민당 총재

탁

동지들,
먹으면서
들으라…

…

우리 중국은
한시바삐
사회주의화를
이룩해야
한다.

술
렁
술
렁

저우언라이

위험한 도박이지 않을까요?

그, 그렇습니다. 공약 위반으로 보일 위험도 있습니다.

하지만… 우리는 '신민주주의'를 내세워 정권을 잡았습니다. 갑작스럽게 사회주의로 전환하면 인민에 대한 배반 아니겠습니까?

군사력을 키우고 공업화를 달성하며 농업의 생산력을 늘리기 위해서는

사회주의 정책을 추진해야만 해.

한국 전쟁으로 인해 군대의 장비는 빈약해졌고 경제와 농업은 피폐해졌다…

덩샤오핑

이의 있나? 우리는 반드시 사회주의를 이룩할 것이다!

앞으로 세계대전 이전의 소련처럼 집단농장을 만들어 농업의 규모를 늘리면

지금 농민들은 피폐한 상황이다.

하지만 농민들은 어떨지…

확실히… 자본가들은 부패와 비리를 척결하는 운동을 겪으며 힘이 약해진 상태입니다.

생산량이 늘 테니 농민들도 찬성하게 될 거야

그러니 경제계에서는 □게 빈발히지 못할 겁니다.

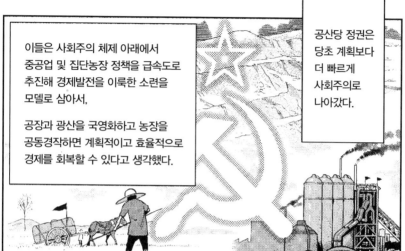

이들은 사회주의 체제 아래에서 중공업 및 집단농장 정책을 급속도로 추진해 경제발전을 이룩한 소련을 모델로 삼아서,

공장과 광산을 국영화하고 농장을 공동경작하면 계획적이고 효율적으로 경제를 회복할 수 있다고 생각했다.

공산당 정권은 당초 계획보다 더 빠르게 사회주의로 나아갔다.

모두 협력해 다 같이 밭을 가는 겁니다.

앞으로는 국가의 방침대로 아시겠죠?

그렇게 1953년 공산당의 호령 아래 '제1차 5개년 계획'이 시작되었다.

협력하면 많은 수확물을 얻을 수 있어요.

한 사람의 힘은 약하지만…

이윽고 도시와 농촌에 당의 방침을 선전하기 위해 '공작대'라는 당원들이 파견되었다.

협동조합을 만들고 농사를 지어 수확물을 나눕시다!

78

1950년대 후반에 이르면 수백 가구로 구성된 '고급 합작사'라는 협동조합이 생겨났고,

전체 농지의 약 88%가 이 방식으로 경영되었다.

집단농장 초기에는 단순한 공동경작 수준이었으나

그러나 현실은 공산당 지도부의 뜻과는 달랐다.

이를 국가와 농가에 각기 분배하는 체계로 운영되었다.

고급 합작사에서는 농업계획을 구상하고 공동경작해 수확물을 창고에 보관한 뒤,

수확물

고급 합작사

다같이 나누자!

국가

농가

네, 알겠습니다!

신분을 숨기고 농민들의 반응을 조사해 봐.

실태를 알고 싶다.

이봐, 합작사 제도는 어떤가?

힘들여 일해도 이익은 똑같네…

그러니 힘들여 일하면 손해지 않나. 적당히 하다 마는 거지.

합작사 제도는 훌륭해요!

모두 힘을 모아 일합시다!

합작사에 뺏길 바에야

내가 기른 돼지는 차라리 내가 먹겠어!

노력해봤자 이렇게 땡땡이치는 조합원이 많으니!

속았어! 합작사에서 탈퇴할 거야.

그러나 같은 시기 동유럽 사회주의 국가들에서는 민주화 운동이 일어났다.

마오쩌둥은 현실에 근거한 온건한 비판을 듣지 않고

급진적인 사회주의 방침을 앞장세워 추진했다.

1956년 6월 28일 폴란드 서부 포즈난에서는 지나친 사회주의 정책으로 인해 민중의 분노가 폭발하면서

대규모 반정부 · 반사회주의 운동이 일어났다. (포즈난 봉기)

같은 해 10월 헝가리 각지에서는 민주화를 요구하는 민중 봉기가 일어났다.

사회주의 정부에 대한 대규모 반란 이었으나 소련군에 의해 빠르게 진압 되었다. (헝가리 혁명)

DAMY CHLEBA
─ 우리에게 빵을

ŻADAMY

ŻA CH

그 옛날 제자백가※1들이 서로 다른 의견에도 활발히 토론한 것처럼

중국 공산당 지도부는 이런 상황에 대응하기 위해

새로운 방책을 세웠다.

와아아아 짝 짝짝

동유럽에서 일어난 이 두 사건은

스탈린 격하 운동 이후 사회주의에 대한 불신이 높아졌다는 걸 시사했다.

백화제방 백가쟁명

오오오오 오오오

그 어떤 말을 해도 죄가 아니야!

이는 공산당 정부를 향한 다양한 제언과 비판을 적극 수용함과 동시에

'루딩이'는 연설에서 '백화제방 백가쟁명'※2을 표어로 삼고

국내 문화인과 지식인들에게 자유로운 의사표현을 촉구했다. (쌍백 운동)

꽃이 다투어 피어나듯 문화의 꽃을 피우기 위해 자유롭고 활발한 토론이 이루어지길 바랍니다.

정부를 향한 불만을 '익세'하기 위함이었다.

술렁 술렁

**루딩이**
공산당 중앙선전부장

※1 춘추 전국 시대의 다양한 학파들. 국가의 발전이나 사상의 발전에 기여함
※2 '百花齊放 百家爭鳴'. 수많은 꽃이 다투어 피어나듯 의견이 다른 수많은 학자가 토론함

그러나 이 연설 이후

공산당 정부의 예상보다 더 심한 비판이 이어졌다.

게다가 학교 역시 형식적이고 비능률적이야!

공산당이 모든 것을 좌우 하는 '당의 천하'가 되었다!

맞아!

**추안핑**
『광명일보』 총편집장

이야기는 거기까지 다!

휙

깜짝

이 일을 어찌할꼬…

젊은 당원들이 기성 당원을 욕하다니…

이건 이상하지 않습니까!

당 간부와 농민 수입이 열 배 이상 차이가 납니다!

와장창!

와글와글

이 우파 놈들!

전부 끌어내!

1957년 6월 공산당 지도부는 예상을 웃도는 격렬한 비판에 놀라

아니, 당원들이 왜 여기에!

여기서 '우파'는 '인민공화국을 적대시하고 자본주의를 지지하는 자'를 뜻하는데,

이렇게 낙인이 찍힌 사람은 직장과 학교에서 쫓겨나고 책임자 지위에서 해임되었다.

사회주의 비판 세력을 철저하게 탄압하는 반우파 운동을 전개했다.

반동분자

반동

그러나 1950년대 후반 소련이 미국과의 대립 구도를 약화하고 공존을 꾀하면서 갈등이 생겨났다.

이것은 정치와 사상에서의 투쟁, 즉 사회주의 혁명이요.

우파를 철저히 비판해야 하오.

덩샤오핑

**1957년 9월 23일 중국 공산당 중앙위원회**

마오쩌둥은 이러한 흐루쇼프의 행보를 불쾌하게 생각했고 이후 중국과 소련은 대립하게 되었다.

자본주의 진영인 미국과 타협하다니, 소련이 잘못 생각한 거야!

자본주의 진영과의 평화공존 따위 있을 수 없다!

이 즈음 소련에서는 스탈린이 사망하고 최고지도자가 된 흐루쇼프가 스탈린 시대의 정책을 비판하며 미국과의 평화공존을 모색했다.

그렇게 1950년대 후반 중국은 소련과 다른 길을 걷기 시작했다.

소련에서 스탈린에 대한 개인숭배가 비판받고 있다면…

우리나라에서도 나를 비판할 가능성이 있어…

어떻게든 조치해야 해…

…라고 말한 것을 듣고

소련은 15년 안에 미국을 앞지른다.

이런 가운데 1957년 11월 모스크바를 방문한 마오쩌둥은

혁명 기념식에서 흐루쇼프가

같은 사회주의 진영이었으나, 양국의 대립은 점차 심해져 간 것이다.

…라고 말하며 경쟁 의식을 드러냈다.

부들부들

중국은 15년 안에 영국을 추월한다!

우리 힘만으로 사회주의 강대국을 이뤄내야 해!

이제 소련에는 의지할 수 없다…

**공산당 대회의장**

오오오오

1958년 5월 공산당 대회

이러한 마오쩌둥의 선언에 따라

경제 발전을 이룩하고 더 나은 사회주의를 실현하자!

더 좋은 걸 헛되지 않게 건설해서…

자! 앞으로는 더 많이! 더 빠르게!

탁

87

글쎄…? 깊게 파면 더 많은 작물을 수확할 수 있다던데?※

이렇게 깊게 파도 되는 거야?

※ 당시 공산당은 뿌리를 깊게 심으면 작물이 크게 자란다고 선전함

요구하는 수확량이 어마어마하지 않나…

인민공사의 지시니 하는 수 없지.

어르신, 이렇게 빽빽하게 심어도 괜찮나요?

중국은 공고한 사회주의와 고도 경제성장을 목표로 삼았다.

'대약진 운동'의 시작이었다.

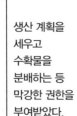

생산 계획을 세우고 수확물을 분배하는 등 막강한 권한을 부여받았다.

인민공사는 기존 200~300가구 규모의 합작사를 5천 가구 규모로 합병시킨 거대한 협동조합으로서,

공산당 정부는 깊이 갈고 빽빽하게 심어 생산력 향상을 도모하는 농법인 '심경밀식'을 권장하는 한편, '인민공사'라는 대규모 집단농장 정책을 추진했다.

괜찮아요. 형태만 갖추면 되죠.

벽돌만 쌓아도 괜찮을까?

대약진 운동의 기치 아래 중공업 발전도 급속도로 진행되었는데…

그 결과는 비전문가가 벽돌을 쌓아 만든 작은 용광로에 불과했다.

건축 자재인 철강을 생산하기 위해 많은 인원을 동원했음에도,

마오쩌둥과 동향 출신이자 30년을 함께한 동지였던 국방부장 펑더화이조차 고향의 참상을 보고 말을 잃고 말았다.

여기도 역시…

아아…

몇 달 뒤…

**펑더화이**

오히려 생산량이 대폭 줄어들었다.

농지는 황폐해지고 해충에 의한 농작물 피해와 함께 질병이 퍼져

빽빽하게 심어 모종이 숨을 쉬지 못한 데다, 땅을 깊이 파서 지하의 염분이 지면으로 새어 나와 토질까지 나빠졌다

주석, 펑더화이 국방부장의 소견서입니다…

펑더화이는 마오쩌둥에게 정책의 전환을 촉구했다.

뭐!

바삭

이건 명백한 반동 문서이자 배반 행위다.

그는 소견서의 형태로 대약진 운동의 처참한 실정을 밝혔지만

마오, 자네가 틀렸어.

이후 펑더화이는 국방부장에서 해임되고 한직으로 밀려났다.

펑더화이 등의 반동분자를 비판하라! 다시 대약진 운동을 펼친다!

마오쩌둥과 그의 측근들은 펑더화이와 그 동조자들의 의견을 묵살하는 한편 반동으로 단정하고 맹렬하게 비난했다.

대약진 운동은
뜻대로 되지 않고

허
이
이
이
이
이

그러나…

기아나
영양실조
등으로

수천만 명의
인민이 죽음에
이르는 참상을
초래했다.

결국 1959년
마오쩌둥은
대약진 운동의
책임을 지고
국가주석에서
사임했다.

인민
들이여
…

으흠

이어 부주석
'류샤오치'가
국가주석이
되었다.

짝
짝
짝
짝

또각
또각

류샤오치는
대약진 운동의
실패를
인정하고
비판하며

덩샤오핑과
함께
경제 회복에
힘썼다.

대약진
운동의
실패 원인은
자연이
3할(30%)
…

사람이
7할
(70%)
이다!

**류샤오치**

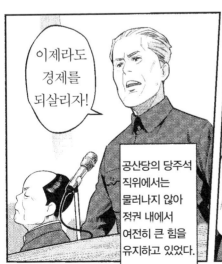

이제라도
경제를
되살리자!

공산당의 당주석
직위에서는
물러나지 않아
정권 내에서
여전히 큰 힘을
유지하고
있었다.

당시
마오쩌둥은
국가주석
직위에서는
물러났지만

이제 가볼까?

좋아!

류사오치는 시장경제를 부분적으로 인정해

농민들이 자유롭게 경작하고 길러낸 수확물을 시장에 판매할 수 있도록 했다.

삭

델 컹

델 컹

요즘 인기 있는 화학비료 샀어. 이걸 뿌리면 채소가 잘 자란다나 봐.

아빠, 채소 판 돈으로 뭐 샀어?

우와 …

미국 화학 비료

이후 공산당은 서방 진영과의 관계를 개선하고 화학비료를 수입해 농업 부흥을 지원하는 식의 정책을 펼쳤다.

이렇듯 '경제조정정책'을 수행한 결과 중국의 경제는 서서히 회복되어 갔다.

94

1964년
전인대※1 회의
에서는

농업과 공업,
국방과
과학기술을
비약적으로
발전시켜

머지않아
중국의

'4대 현대화'
라는 구호가
내세워졌고,

이는 저우언라이를
비롯한 공산당
지도자들에게 매우
중요한 목표가
되었다.

오
저
어
어
오
오
오
오
오
오
오

사회주의
강대국을
이룩하겠
습니다!

외교면에서는
미국 및 소련
과의 갈등이
심화되었는데
…

저우언라이

평화공존
노선을 택해
미국과의
관계 개선을
우선시하던
소련과도
갈등을 겪고
있었다.

당시 중국은
인도-파키스탄
전쟁에서
파키스탄을 지원해
미국과의 관계가
나빠진 데다,

이에 중국은
핵미사일
개발을
자력으로
강하게
추진했다.[2]

그렇게 1957년 말부터
양국 간의 균열이
벌어지면서
소련은 1960년
중국의 경제발전을 위해
고문단으로 파견했던
건설 · 무기 전문가
천여 명 이상을 철수시켰다.

한편
1959년 9월
흐루쇼프는
미국을 방문해
대통령
아이젠하워와
회담하면서

미국과의
관계 개선을
위해 중국과의
견해 차이를
분명하게 밝혔다.

소련의
철수 명령은
미국에게
줄 작은
선물인가!

꾹

쿵

비틀비틀

줄줄 줄줄

한편 이 시기 중국은 소련과의 관계에서 또 다른 난관에 봉착했다.

질질

먼저 1962년 4월부터 6월까지 2개월간

철퍼

휘청

신장 위구르 자치구에 살던 주민 6만 명이 소련으로 도망가는 사건이 발생했는데,

휘 이 이 이 잉

질질

질질

질질

이들은 대부분 위구르족과 카자흐족이었다.

대약진 운동의 실패로 일어난

이봐, 일어날 수...

어, 응. 미안...

식량난과 생활고가 변두리 지방까지 밀어닥치고만 것이다.

**중국 북서부 신싱 위구르 자치구**

100

인도-중국 전쟁은 소련이 인도에 경제 원조를 늘린 영향도 있었기 때문에

흐루쇼프는 이 전쟁에서도 인도 측을 지지했다.

그렇게 1962년 10월 중국-인도 국경에서 대규모 무력 충돌이 발생했다.
(인도-중국 전쟁)

이처럼 중국과 소련이 다양한 영역에서 갈등을 벌이는 가운데

1963년 6월부터는 서로를 비판하며 공공연하게 논쟁하기에 이르렀다.

이후로도 '중국-소련 대립' 시대는 한동안 이어졌다.

※1 처음에는 비관적인 말로 쓰였으나 서서히 긍정적으로 받아들여지면서 유행어가 됨
※2 일종의 말장난. 본래 일본의 삼종신기는 신에게 하사받았다고 전해지는 '검, 거울, 곡옥'을 말함

1956년에 발표된 「경제백서」의 '이제 전후(戰後)가 아니다'[※1]라는 표현이 유행어가 되었고,

1955년부터 연평균 10% 이상의 경제성장을 지속하는 '고도 경제성장' 시대에 접어든 것이다.

그 무렵 일본에서는 제2차 세계대전 이후 부흥을 맞이했다.

일반 가정에도 '가전제품 삼종신기'[※2]라고 불리는 흑백 TV · 냉장고 · 세탁기가 보급되었다.

1958년 도쿄타워 준공, 1959년 지하철 마루노우치선 개통 등으로 도시 경관이 바뀌었으며,

미일 안전보장 조약의 적용 범위를 극동까지 확대하는 '신안보 조약'이 국회에서 승인되었다.

한편으로 1960년 미국과의 군사 동맹에 반대하는 대규모 반대운동 (안보투쟁)을 무릅쓰고

결국 당시 총리였던 '기시 노부스케'가 사퇴하고

'이케다 하야토' 내각이 출범했다.

찰칵 찰칵 찰칵 찰칵

이를 통해 적극적인 공공투자와 유럽·미국의 기술이 도입돼 일본의 경제는 크게 성장하게 되었다.

경제는 맡겨만 주시죠!

총리로 취임한 이케다 하야토는 1960년 12월 각료회의에서 '국민소득 배증계획'을 결정했는데,

학생을 비롯한 국민들이 경무대를 포위하기에 이르렀다.

그렇게 국민들의 분노는 격앙되고 급기야 4월 19일 대규모 시위가 일어나면서

공무원을 동원한 여당 응원, 매수 공작, 야당의 선거활동 방해, 투표함 바꿔치기 등 각종 비리가 난무하고 있었다.

바다 건너 대한민국에서는 1960년 3월에 치러진 대통령 선거에서

대한민국 서울

국민과 경찰의 충돌로 이어져 많은 희생자가 발생했다.

이 사건을 계기로 각지에서 시위가 빈발했는데,

12년간 이어진 독재정권이 무너진 것이다. (4·19혁명)

결국 대통령 '이승만'은 커져 가는 비판을 피해 망명을 선택했다.

104

그러나

4 · 19 혁명 이후 탄생한 민주 정권은 안정적으로 국정을 이끌지 못했고

그렇게 1961년 5월 16일 군부에 의한 쿠데타가 발생했다.

이렇게 탄생한 새로운 정권은 안정적으로 통치를 이어가 한쪽에서는 국민들의 지지를 얻었지만,

다른 한쪽에서는 군부 주도의 정치를 계속하고 부패를 척결하지 못하는 모습을 보여 국민들의 불만을 샀다.

척척

육군 장교 '박정희'와 그 측근들은 통치 강화와 부패 척결, 민중 구제 등을 내세우고 쿠데타를 주도했다…

척척

그러나 군정에서 민정으로의 이양을 조건으로 미국의 지지를 얻은 박정희는

그는 이후 16년간 장기 독재하는 한편… 수출지향 공업화 전략에 기초해 대한민국의 성세 성장을 궤도에 올려놓았다.

1963년 선거에서 승리해 대통령으로 취임했다.

※ 오늘날까지 이 청구권을 둘러싸고 양국의 갈등이 이어지고 있음.
대한민국은 국가 간에 협정을 맺더라도 민사 청구권은 민주국가에서는 당연히 유지된다는 쪽.
일본은 청구권에 대한 모든 권리는 당연히 해당 조약으로 종결되었다는 쪽

1970년대가 되자 박정희의 독재체제에도 틈이 벌어지기 시작했다.

1951년부터 14년간 끌어온 양국의 교섭이 1965년 6월 '한일 기본 조약'으로 체결된 것이다.
이는 대한민국이 일본에게서 경제 원조를 받는 대신 국가의 청구권을 포기하는 형태였다.※

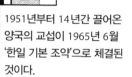

박정희의 대통령 취임은 대한민국—일본의 관계에도 영향을 미쳤다. 식민 지배에 대한 책임과 배상 문제를 둘러싸고 삐걱거리던 관계였지만

벌컥

!?

투숙하던 호텔에서 납치되는 사건이 일어났다.

1973년 8월 8일 야당의 유력 정치인 '김대중'이 일본을 방문 했을 때

김대중
훗날 대한민국 대통령

이 사건으로 박정희 정권은 국제사회의 비판을 받았다.

김대중 씨 납치되다

이 '김대중 납치 사건'은 박정희 정권의 산하기관인 중앙정보부와 주일 한국 대사관이 관여한 것으로 알려졌다.

탕 탕 척

1979년
10월 26일
오랜 독재를
이어가던
박정희는
정권 내 권력
다툼으로 인해

이를 계기로
민주화 운동이
거세지자

측근인
'김재규'에게
암살당했다.
(10·26 사건)

그리고
그는
대통령이
되었다.

이듬해인
1980년
계엄령을
선포해
무력으로
민주화
운동을
탄압했다.

1979년
육군 소장
'전두환'이
쿠데타를
일으켜
군의 실권을
장악하고

전두환

최고지도자
'김일성'의
지도 아래
중국과 소련,
동유럽 각국의
지원을 받아

1960년대~
1970년대에
걸쳐
경제보다는
군사력 강화에
주력했다.

대한민국
정치가
흔들리는
가운데
북한에서는

펑

왁 와 왁

앗 앗 앗

짝 짝 짝

와 앗

짝 짝 짝

김일성
북한 최고지도자

1972년 7월에 발표된
'남북공동성명'은
오늘날까지 이어지고
있는 양국 대화의
첫걸음이 되었다.

자신들과
비슷해지자
타협을 도모하는
모습을 보였는데,

한편으로
서방 진영과의
무역이 제한되고
대한민국의
경제 수준이

대약진 운동의 잘못을 되풀이해선 안 됩니다! 지나친 사회주의가 아닌 경제조정정책을 시행해야 합니다!

사회주의를 공고히 해야 한다!

소련과 미국에 대항 하려면!

1965년경 중국에서는 마오쩌둥이 다시 사회주의 정책을 추진 하고자 했다.

마오쩌둥

덩샤오핑

중국 공산당 지도부

민중에게 직접 호소해 부추기시지요.

소곤

소곤

공산당 내에서 싸우면 이길 승산이 없나 …

끄응…

이 문학 작품들은 반사회주의적이다!

먼저 타깃이 된 것은 문학 작품이었다.

그렇게 중국 역사상 유례없는 대혼란, '문화대혁명'이 시작되었다.

자본주의 타도를 위해 문예와 사상… '문화'를 변혁하자!

인민들이여, 알겠는가!

오오오오오

※ 대표작은 「낙타상자」
老舍, 「駱駝祥子」, 宇宙風, 1937

홍위병에게 수모를 당하자 다음날 호수로 가서 스스로 목숨을 끊었다...

중국작가협회 간부였던 작가 '라오서'※ 는

홍위병들은 거리에서 시위하고 광장에서 집회를 열며

저기에 있다!

조반유리

폭력적인 행동을 일삼았다.

훗날 영화감독이 되는 '천카이거'는 사람들 앞에서 아버지를 매도 해야만 했다.

반동분자 천더화이

홍위병들은 봉건적 · 자본주의적이라고 생각되면 역사가 있는 전통 문화재라도 부서뜨렸고, 서적마저 불태웠다...

화락

이들의 규탄과 폭력으로 수많은 이름난 예술가와 학자, 관료가 숨을 거뒀다.

시민과 충돌해 많은 희생자가 …!

주석 동지! 또다시 홍위병들의 폭동입니다!

벌컥

내 목적은 다시 정치의 중심이 되는 것뿐이었는데…

홍위병이 이렇게까지 폭주할 줄이야…

이런 상황은 마오쩌둥의 바람과는 달랐다.

은행·상점을 습격하고 철도·도로 등의 교통을 차단하면서

중국 전역이 대혼란에 빠졌다.

**문혁파**

**반문혁파**

문화혁명이 퍼져 나가자 중국 각지에서 문혁파와 반문혁파가 충돌했다.

문혁파 내에 생겨난 파벌들이 유혈 사태를 일으키거나

**공산당 간부 자제 중심 단체**

**청년 노동자 단체**

한편으로 그해 10월 류사오치와 딩사오핑을 실각시켰다.

문화혁명은 문화 투쟁이지 무력 투쟁이 아니다!

군대를 동원해 홍위병의 폭력을 억세했나.

1968년 7월 마오쩌둥은 성명을 발표하고 사태를 수습하고자

경제까지 타격을 받고 있어…

어떻게든 빨리 해결해야 해!

1969년에 이르면 국경에서 일어난 작은 다툼이 본격적인 무력 충돌로 이어졌다. (다만스키 섬 사건)

두 두 두

다 다 다 다

외교면에서 문혁파는 많은 나라를 적으로 돌려 국제적 고립을 자초했다.

1956년부터 시작된 중국-소련의 국경 분쟁도 이 무렵부터 격화돼

**다만스키 섬 중국-소련 국경**

전면전이 일어날 뻔 했으나

소련의 의장 '알렉세이 코시긴'과 중국의 총리 '저우언라이'는 대화를 통해

결국 합의를 이끌어냈다.

114

그러나 중국은 소련에 대한 경계를 한층 강화했다.

차라리 미국과의 관계 개선을 도모하는 건 어떠십니까?

다만스키 섬 사건도 있어 소련과 관계를 회복하기는 어려우니

주석 동지! 미국과 소련 양국을 적으로 돌리는 건 위험합니다.

기다리고 있었습니다.

이쪽으로 오시지요.

당시 미국도 베트남 전쟁으로 수렁에 빠져 있었기 때문에 중국과의 관계 개선을 위한 활로를 찾고자 했다.

미중 관계를 개선합시다.

이듬해 대통령이 직접 중국을 방문한다고 발표했다.

우리도 동의합니다.

그는 저우언라이와 논의해

1971년 미국 대통령 보좌관 '헨리 키신저'가 극비리에 중국을 방문했다.

이러한 미중 관계 개선에 특히나 일본은 놀라움을 금치 못했다.

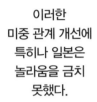

이듬해인 1972년 2월 미국 대통령 '리처드 닉슨'이 중국을 방문했다.

**리처드 닉슨**
미국 제37대 대통령

국내에도 반발이 있을 거야.

하지만 지금껏 대만을 중국 대륙의 유일한 합법정부로 인정했는데…

이렇게 된 이상 우리도…

일본 총리 관저

중국이 제2차 세계대전의 전쟁배상금을 청구하지 않으면 그 대가로 경제 원조를 해주기로 약속했다.

이후 양국은 1978년 '중일평화 우호 조약'을 맺었다.

이러한 흐름 속에서 총리로 취임한 '다나카'는 곧장 중국 방문을 결정했다.

그는 1972년 9월 베이징을 방문하고

고민할 때가 아니오! 기회를 놓치면 중국이라는 거대한 시장을 잃는다!

**다나카 가쿠에이**
내각총리대신

차라리 자진 탈퇴하겠소!

우리 중화민국은 유엔의 부당한 결정에 항의하오!

팡

한편 1971년 유엔에서는 중국 대표권을 중국에 이양하고 대만을 추방하는 결의안이 통과되었다.

극복할 수 없는 어려움 따위는 없으리!

국가와 국민이 결코 포기하지 않는 독립정신으로 노력한다면

저우수카이
중화민국(대만) 대표

그렇게 중국은 유엔에서 대표권을 획득했다.

동시에 대만은 대표권을 잃고 유엔에서 탈퇴했다.

이 무렵 일본은 고도 경제성장을 이룩하면서 도쿄 올림픽과 오사카 만국 박람회를 개최하는 등 급속도로 경제력을 높였다.

오사카 만국 박람회 (1970)

도쿄 올림픽·패럴림픽 개최 (1964)

석유 파동 (1973)

오키나와 반환 (1972)

이런 가운데 1973년 석유 파동으로 물가가 폭등했다.

일본은 고도 경제성장의 끝을 실감하는 한편, 제1회 G6 정상회담※에 참석하는 등의 행보로 국제사회에서 선진국의 일원으로 여겨졌다.

두두 두 두 두 두

한편으로 1960년대에 활발해진 오키나와 반환 운동이 결실을 맺어 1972년 미국이 오키나와를 반환했다.

그러나 오키나와 현에 미군이 주둔하고 있는 현실은 변하지 않았다.

여전히 대한민국·일본·대만 등보다 한참 뒤떨어진 상태였다.

적극적으로 기술과 자본을 도입함으로써 경제의 근대화를 추진했지만

그 당시 중국에서는 서방 진영 국가들과 관계를 개선하고

주석께서 보내신 서한 입니다.

받으 시죠…

부르르르릉

알겠다.

저우언라이 의 추천으로 복귀해 부총리로 임명되었다.

1973년 문혁파에 의해 쫓겨나 지방 농촌에서 농사를 짓던 덩샤오핑이

당 지도부로 돌아오시길 바라고 계십니다.

반드시
농업·공업의
근대화를
실현할 수
있습니다.

개발도상국이
자주적으로
독립하고
자력으로 갱생하는
길을 따라 부단히
노력한다면

1974년 4월
공식 석상에
복귀한
덩샤오핑은
유엔 총회에
참석했다.

자력으로
갱생한다는 건
스스로 문을 닫고
외국의 원조를
거부하는 것이
아닙니다.

당시
중국은 자국을
개발도상국으로
자리매김하고
세계를 대상으로
경제의 문호를 열어
가려고 했다.

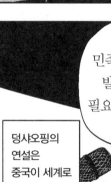

민족경제※
발전에
필요합니다.

각국의
주권을 존중하고
평등이라는
조건 아래서
경제와 기술을
교류하는 건

덩샤오핑의
연설은
중국이 세계로
눈을 돌리기
시작했음을
강렬하게
보여줬다.

※ 한 국가가 자국의 자원과 자국민의 힘으로 이룩하는 경제

120

20세기 말까지 우리의 민족경제를 전 세계의 맨 앞에 두는 것을 목표로 하자!

지금 이야말로 우리 중국은 농업과 공업, 국방과 과학기술 이 4대 분야를 전면적으로 현대화해

1975년 저우언라이는 일찍이 자신이 주창했던 '4대 현대화'를 다시 내세웠다.

으흠

동지들 이여!

**중국 공산당 본부**

와 아 아 아 아 아 아 아 아

수십 년 만에 4대 현대화에 대해 연설했다.

저우언라이는 제4기 전인대 제1차 회의에서 문화대혁명으로 침체된 경제를 되살리기 위해

121

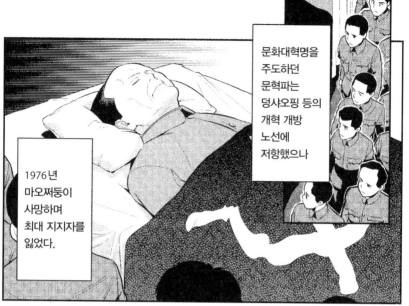

문화대혁명을 주도하던 문혁파는 덩샤오핑 등의 개혁 개방 노선에 저항했으나

1976년 마오쩌둥이 사망하며 최대 지지자를 잃었다.

당신들의 시대는 끝났소.

쿠데타 인가?

웨, 웬 놈들 이냐!

!?

쿵

중국은 경제 발전을 지향하는 '개혁 개방 노선'으로 나아가게 되었다.

이렇게 문혁파는 축출되고

122

저우언라이가 주창한 4대 현대화의 실현을 목표로 삼았다.

외국에 문호를 개방해 대외무역을 늘리는 한편 외국자본 도입을 추진해

중국은 1980년경부터 국영기업이나 집단농장 같은 사회주의 제도를 점차 줄이고

사회에는 새로운 분위기가 퍼져 나갔다.

농업 분야에서도 인민공사가 해체되고 각 농가의 개별 경영이 늘어나면서

그렇게 국영기업에는 경영 자율권이 확대되었고 민간기업에는 활동이 허용되었다.

1980년대 후반에 이르러 민주화를 부르짖는 목소리가 높아졌다.

그러나 경제 정책의 빠른 변화에 정치체제의 개혁이 발맞추지 못하면서

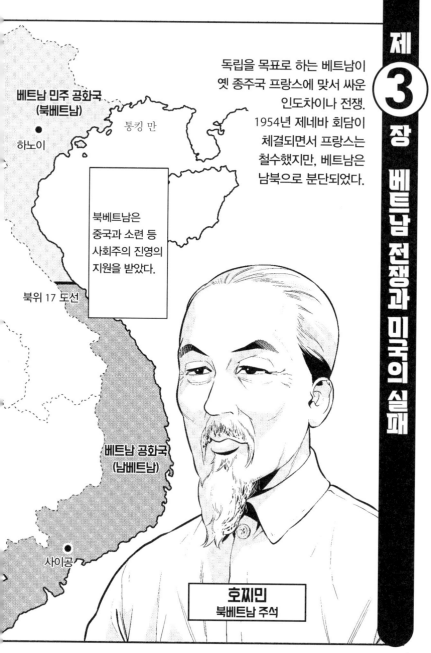

베트남 민주 공화국
(북베트남)

● 하노이

통킹 만

북베트남은
중국과 소련 등
사회주의 진영의
지원을 받았다.

북위 17 도선

베트남 공화국
(남베트남)

● 사이공

호찌민
북베트남 주석

독립을 목표로 하는 베트남이
옛 종주국 프랑스에 맞서 싸운
인도차이나 전쟁.
1954년 제네바 회담이
체결되면서 프랑스는
철수했지만, 베트남은
남북으로 분단되었다.

제 3 장 베트남 전쟁과 미국의 실패

소련

중국

응오딘지엠
남베트남 대통령

이러한 상황 속에서 미국은 베트남의 사회주의화를 막기 위해 지원을 결정했다.

미국

'응오딘지엠'이 대통령으로 취임하면서 '베트남 공화국'으로 국호를 바꾸었다.

한편 남베트남은 프랑스의 식민 지배를 받던 최후의 국왕이자 국가원수였던 '바오다이'의 퇴임 이후

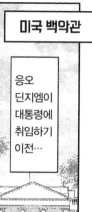

응오 딘지엠이 대통령에 취임하기 이전…

프랑스는 아시아에 퍼지고 있는 사회주의를 막을 수 없어 …

우리 미국이 남베트남을 지켜야 한다.

드와이트 D. 아이젠하워
미국 제34대 대통령

좋다. 베트남에 사회주의에 대항할 강력한 지도자를 내세우고 지원하라.

남베트남을 자유진영의 방벽으로 삼으려면 이 방법밖에 없어.

오 오 오 오

동감입니다. 남베트남의 현 정권은 프랑스의 수족에 불과합니다.

바오다이를 끌어내리고 응오딘지엠을 내세우시죠.

존 포스터 덜레스
미국 국무장관

126

1955년 10월
남베트남에서
국민투표가
실시되자

미국의
의도대로
응오딘지엠이
대통령으로
취임했다.

와
와
와

무슨 일이
생기면 미국의
지원을 받을
수 있겠어.

우리의
사회주의화를
막기 위해서라면
어떤 일이라도
하겠다더군…

대통령님,
전화 회담
하시느라
애 많이
쓰셨습니다.

…
미국의
입장은
어떻습니까?

집회와 정치
활동도
금지하고.

…
반대하는
자들은
체포해도
무방하네.

알고 있네…
그러니
반정부 인사의
선거 출마를
금지하지.

그치만
국내에는
반정부 인사나
사회주의자가
많습니다…

127

응오 딘지엠이 대통령에 취임한 이후…

비밀경찰은 조금이라도 수상한 집회인가 싶으면 수많은 이들을 증거도 없이 체포했고,

이들 중 상당수가 재판도 받지 못한 채 투옥·처형되었다.

1962년에 이르면 수감된 정치범만 약 2만 명을 넘어섰다.

사회주의자나 반정부 인사와 관련된 모든 세력이 탄압받으면서

한편 불교 사찰에서는…

가톨릭 신자만 대우받고 불교 신자는 차별받고 있지 않나!

대체 어떻게 돌아가는 건가.

이봐! 그런 말을 했다간 감옥행이야.

진정해.

128

미국의
지원 물자는
가톨릭 신자에게
우선적으로
제공되었으며

자,
순서대로
받으시오.

어째서
우리가
탄압받아야
한단 말인가
…

응오딘지엠은
자신이 믿는 종교
라는 이유만으로
국민의 10%에
불과한 가톨릭
신자를 우대했다.

그렇게
남베트남 내에는
다수층인
불교 신자를
비롯해

국민들의
정부를 향한
불만과
분노기 기저민
가고 있었다.

정부 요직도
가톨릭 신자
위주로 채용
되었다.

뒷일을
부탁하지.

많이 기다리게 했군.

훅

※ 우리나라에서는 흔히 '베트콩'이라고 불림

그러던 1960년 12월

부르릉

끼익

남베트남에서 응오딘지엠 정권 타도와 남북 베트남 통일을 목표로 하는

'남베트남 민족 해방전선 (NLF)'※이 조직되었다.

남베트남

이를 위해서라면 적극적으로 NLF를 지원하겠네!

미국의 앞잡이 응오딘지엠의 독재에서 남베트남을 해방하고

남북 베트남의 통일을 실현하자!

NLF가 움직이기 시작했나? 그거 참 든든하군.

호찌민

이대로 가다간 도미노가 쓰러지듯 아시아에서 사회주의가 퍼져 가는 걸 두고 볼 수밖에 없을 겁니다.

북베트남 역시 중국이나 소련 같은 사회주의 진영의 지원을 받고 있죠.

**존 F. 케네디**
미국 대통령

이듬해인 1961년 미국에서는 존 케네디가 대통령으로 취임했다.

우리 목전인 쿠바가 사회주의를 택했습니다.

당시 미국은 베트남의 사회주의화가 동남아시아 전역의 사회주의화로 이어진다는 '도미노 이론'을 두려워하고 있었다.

이들 군사 고문단은 실전 지휘와 수송에 더해 전투에까지 참여했는데,

이렇게 미국은 군사고문단을 남베트남으로 파견했다.

남베트남의 NLF를 진압하죠. 이를 위해서라면 추가 지원을 아끼지 마세요.

2년 뒤에는 1만 6천여 명 이상의 미군이 주둔하게 되었다.

당초 대략 900명 내외가 남베트남으로 파견되었으나

남베트남
어느 농촌

두
두둔

씨
익

게릴라전을
전개하며
전과를
올렸다.

두두
두두두두

탕
탕

시
익

. . .

NLF의
전투원들은
농촌에
숨어들어

착

큐웅

그럼 선량한 민간인까지 말려들 텐데…

그럼 농민들이

방해되지 않게 강제로 이주시키면 되잖아!

그래? 수상한 농민은 잡아 들여.

불교 신자도 같이!

미군의 전력이 압도적으로 앞서지만

농민 사이에 숨어 펼치는 게릴라전에 고전하는 것 같습니다.

남베트남 대통령 관저

그러니까 말이야… 차라리 NLF가 나아.

정부 놈들은 믿을 수가 없어.

NLF와는 아무런 연관도 없는데

왜 우리가 떠나야 하는 거지?

줄 줄
줄 줄
줄 줄

덜 컹

덜 컹

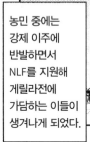

농민 중에는 강제 이주에 반발하면서 NLF를 지원해 게릴라전에 가담하는 이들이 생겨나게 되었다.

우리가 싸우지는 못하겠지… 지원이라도 하자!

하, 이렇게 된 거 그냥 우리도 NLF에 들어가서 싸울까?

남베트남 사이공

그중 승려 '틱꽝득'은 휘발유를 뒤집어쓰고 불교 탄압에 대한 항의의 표시로

콸 콸 콸

꿀 껑 꿀 껑

1963년 6월 11일 응오딘지엠 정권에 항의하기 위해 승려들이 시위를 벌였다.

화

고오오오

츠 특

분신자살해 전 세계에 충격을 주었다.

아아아아아아

와아아아아

남베트남은 점차 혼돈으로 치달았다.

정부가 이러한 반정부 시위를 가차 없이 탄압하면서…

고요한 승려들의 시위와는 대조적으로 민간인들은 난동의 형태로 시위를 벌였다.

미국의 인민 여러분께 전하고 싶은 말이 있소…

미국 정부가 남베트남에서 벌이고 있는 이 의미 없는 전쟁은 미국의 인민과 명성을 희생시킬 뿐이오.

1964년 3월 북베트남 베트남 특별정치회의

이 전쟁을 끝내고 우리 베트남과 미국이 우정을 쌓기 위해…

남베트남 정부가 약화하는 가운데 호찌민은 미국을 향해 이 전쟁은 베트남의 독립과 통일을 위한 것으로 이를 방해하려는 미국에는 정의가 없다고 말했다.

지금이야말로 미국 인민 여러분이 들고 일어서야 할 때요!

벌떡

서둘러야
해…

후…

이제
내 나이도
일흔을
넘었어…

풀
썩

내가
죽기 전에
이 전쟁을
끝내고

조국을
통일해야만
한다…

펑

펑

펑

베트남 통킹 만

그러나 미국은
전쟁의 종식을
바라는 호찌민의
호소를 진지하게
받아들이지 않았다.

그렇게
1964년 8월
미국은 본격적인
참전을 개시했다.
(통킹 만 사건)

우선 미국은 통킹 만에서 북베트남 측의 공격을 받았다며 가짜 뉴스를 퍼뜨리고

미국 백악관

우리 군 구축함이 북베트남 측 어뢰정의 공격을 받았습니다.

국민 여러분, 지난 8월 2일과 4일 북베트남의 통킹 만 해상에서

이는 용서할 수 없는 행위입니다!

**린든 존슨**
**제36대 미국 대통령**

존슨은 '침략을 막는 데 필요한 모든 수단을 취할 수 있는 권한'을 부여해달라며 연방의회 측에 결의를 요청했다. (통킹 만 결의)

연방의회에서는 이러한 적대 행위에 대항할 권한을 인정해주길 바랍니다.

우리 정부는 전쟁을 키우고 싶지 않지만

북베트남의 거듭되는 적대 행위에 철저하게 대항할 것입니다.

이윽고 이는 가결되었고 미국은 베트남에 많은 군사를 파병할 수 있게 되었다.

138

상대는 삼류 국가 베트남 아니오?

지상군까지 파병할 필요도 없소.

훗날 '통킹 만 사건'은 미국의 자작극이며 결의안은 두 달 전부터 준비돼 있었다는 사실이 폭로되었다.

하 하 하

우리 공군이 폭격을 퍼부으면 몇 주 안에 정리될 거요.

이때 미국은 NLF가 게릴라전을 벌이던 남베트남 지역까지 폭격했다.

본격적인 베트남 전쟁의 시작이었다.

1965년 2월 미국은 북베트남에 대량의 폭탄을 투하하는 '북폭'을 개시했는데,

미군이 마을을 폭격해 무고한 사람들이 죽어 나가고 있습니다.

이렇게까지 해서라도 전쟁을 이어가겠단 말이냐?

크읏… 미국 놈들

북폭의 주요 목적은 북베트남이 NLF에 물자를 지원하는 보급선인 '호찌민 트레일'을 끊는 것이었다.

라오스

**호찌민 트레일**

캄보디아

우선 NLF에 지원을 늘려라.

포기 마라. 우리는 단결할 아군부터 확보한다.

무기고 식량이고 NLF에 필요한 건 모두 지원해!

쿠 우우웅

다 다 다

고오오오

그러나 현실은 전쟁과는 무관한 민간인이 수없이 희생되었다.

부아아아 아아앙

게다가
…

미군은
NLF 게릴라의
활동 거점인
밀림을 시들게
하기 위해

1961년부터
1971년까지
고엽제를
뿌렸는데,

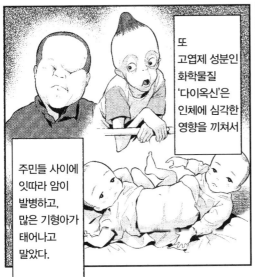

또
고엽제 성분인
화학물질
'다이옥신'은
인체에 심각한
영향을 끼쳐서

주민들 사이에
잇따라 암이
발병하고,
많은 기형아가
태어나고
말았다.

이로 인해
광활했던
숲이
불모지가
되었다.

호찌민은 베트남의 독립과 통일을 요구하며 전쟁을 주도하는 민족해방의 상징이었다.

오오오오오오

우리는 두려워 하지 않는다!

독립과 자유보다 소중한 건 없다!

인민들 이여…

이 전쟁은 5년… 아니 10년, 20년간 계속될지 모른다.

그러나!

북베트남

작전은 순조롭습니다…

다만 적의 게릴라를 괴멸시키지 못했을 뿐입니다…

부드득

벌써 한 달째 폭격을 퍼붓는데도

북베트남은 커녕 NLF도 무너뜨리지 못하지 않았소!

도대체 어떻게 된 거야!

백악관

142

※ 우리나라는 파병을 이용해 미국으로부터 안보적·경제적 지원을 받았음.
　그러나 대한민국과 베트남 청년들의 목숨을 돈으로 바꾼 것이나 다름없기에 많은 논란이 있음

당시 오키나와, 일본 본토는…

후방에서 군수물자를 공급하는 거점 역할을 맡았다.

덕분에 일본은 전쟁이 가져온 호경기를 누리며

고도 경제성장을 유지하는 데 도움을 받았다.
(베트남 전쟁 특수)※

하나 둘 치즈!

모여 봐!

144

한편 북베트남에서는 미군을 일제히 공격하는 작전을 구상하고 있었다.

우리 측도 소련과 중국에서 추가 원조를 해줄지…

1967년 말 북베트남

남베트남에 있는 미군은 소모전에 지쳐

각 도시에 일제히 공격을 감행하면

사기가 떨어진 듯합니다.

미국이 전쟁의 막다른 골목에 다다랐다는 사실을 깨닫지 않을까요?

높아지는 반전 운동의 목소리가 선거에 영향을 미쳐 더 이상 전쟁을 수행하기 어려울 거야.

내년 미국에서 대통령 선거가 시작되네.

흠…

그래.

그럼 작전을 결행할까요?

오오오오

이 뗏에 맞춰 이루어진 일제 공격과 시민 봉기를 총칭해 '뗏 대공세'라고 부른다.

내년 뗏을 기점으로 단번에 공세를 가해 미군을 칠수 시키자!

베트남에서는 설날을 '뗏'이라고 부르는데,

이곳 사이공에서는 NLF가 남베트남 정부 건물을 점거하고

치안 부대와 총격전을 벌이고 있습니다.

1968년 1월 말 미국

미국 전역에 베트남 전쟁의 참상이 TV로 방영되었다.

긴급 뉴스를 전해 드리겠습니다.

수많은 민간인이 말려들고

남베트남 게릴라 조직 NLF가

수도 사이공을 비롯해 다른 주요 도시를 공격하기 시작했습니다.

미군에서도 사망자가 속출하고 있습니다.

개중에는 민간인으로 보이는 인물※을 공개 처형하는 충격적인 영상도 있었다.

여기는 미국 대사관 앞입니다.

지은 지 얼마 되지 않은 대사관이 NLF에 점거되었습니다.

※ NLF의 대원으로 수많은 인물을 학살한 '응우옌 반 렘'으로 추정.
즉결 처형 방식에는 문제가 있으나 학살자였기에 정당성에 논란이 있음

이러한 보도로 처참한 전황을 접한 청년층 사이에

장기화되고 있던 전쟁을 반대하고 항의하는 목소리가 높아졌다.

이렇게 비참한 전쟁을 계속할 이유가 없다!

베트남 전쟁 반대!

미국 뉴욕

징병 통지서가 왔지만 우린 거부한다!

이 전쟁은 개죽음이다!

저처럼 자식과 남편을 잃는 사람이 계속 늘어나선 안 돼요!

내 아들도 베트남에서 전사했어요!

자유의 나라 미국이 자유와 정의를 위해 싸우지 않고 어째서 베트남인을 학살하고 있는가?

이윽고 전 세계로 퍼져 나갔다.

반전 운동은 수많은 청년들의 지지를 받으며

147

1960년대
후반부터
미국의 청년층
사이에는 '히피'
라는 대항문화[1]가
유행했다.

미국
샌프란시스코

※1 주류를 이루는 문화 · 체제를 적대하고 비판하는 문화

이들은
사랑과 자유를
상징하는 꽃으로
자신들을 단장해
'플라워 칠드런
(Flower
Children)'
이라고도 불렸다.

히피는
기성세대의
사회질서와
정치체제,
가치관을
부정하며
사회적 일탈을
목표로 했는데,

LOVE
PEACE

베트남
전쟁
반대!

베트남
전쟁에
쓰이는
주일
미군기지
반대!

반전

부웅

대학의
권력에
따르지
않겠다!

한편
일본에서는
반전 의식이
고조되면서
학생 운동이
일어났다.

학생에게
자치를!

수많은
대학생들이
기성 권력에
저항하며
전공투[2]에
참여했다.

와아아아아
아
아
아
아
아

펑

149

※2 정식 명칭은 '전학공투회의(全学共闘会議)'. 일본의 좌파 운동권 조직

베트남 전쟁이 이렇게까지 길어진 것도 국내의 반전 여론도

모두 예상 밖이었소.

하아 …

린든 존슨 대통령

북폭을 중지 하시오.

대통령 선거에도… 나가지 않겠소.

이제 어떻게 대처할 까요?

더욱이 국내외에서 신용이 떨어져 달러 가치가 급락하면서

1960년대 이전까지만 해도 미국의 경제 상황은 순탄했으나, 베트남 전쟁에 거액의 군비가 소모되면서 재정 상황이 나빠지게 되었다.

국내 물가가 오르고 민생까지 어려워졌다.

와아아아아아

미국 텍사스 주
대통령 선거 집회장

이러한 가운데
1968년에 시행된
대통령 선거에서는
베트남 전쟁의
종결을 공약한
공화당의
'리처드 닉슨'이
승리했다.

미국이
패배한 게
아니라면
그걸로
된 거야.

민주당
정부가
키우기만
했던
베트남
전쟁을

저는
'명예롭게
종결'
하고자
합니다!

리처드 닉슨
공화당 대통령 후보

'베트남화'※
정책을
추진할까
합니다.

그 대신
남베트남을
지원해
북베트남과
NLF를 상대로
싸우게
만드는

베트남에서
미군을
철수시킬
겁니다.

닉슨은
대통령
취임 이후
괌에서 기자
회견을
가졌는데…

※ 미군은 철수시키고 베트남인끼리 싸우도록 하는 정책

베트남 전쟁을 유리하게 끝내려면

북베트남을 지원하는 중국과 소련에 접촉해야 한다.

닉슨은 정부 수립 직후부터 중국·소련과의 외교에 나섰다.

이야기를 유리하게 끌어갈 뭐가 있으면 좋겠는데…

**헨리 키신저**
미국 대통령 보좌관

저도 생각은 같지만, 양국 모두 순순히 받아들일까요?

같은 사회주의 진영이라 협조하고 있었을 텐데, 균열이 생긴 건가…

키신저는 미국 주재 소련대사 '아나톨리 도브리닌'과의 회담을 통해 이 사실을 알게 되었다…

이 무렵 다만스키 섬 사건으로 중공군과 소련군이 충돌했는데,

이제 양국은 적대 관계로 봐야겠군.

뜻밖의 전개지만

덕분에 중국과 소련의 동맹에 틈이 벌어졌다.

키신저는 그날 밤 닉슨에게 회담 내용을 보고했다.

그럼 소련은 분명 우리 측에 접촉해 올 거야…

좋아, 우선 중국과 접촉해 소련을 초조하게 만들게.

사건을 일으킨 중국도 동요하고 있다고 합니다.

우리가 양국 간의 긴장을 잘 이용하면 …

이 외교를 지렛대로 활용해 중국, 소련의 북베트남 지원을 중단시키면

대통령님의 공약대로 베트남 전쟁을 '명예롭게 종결' 할 수 있습니다!

이처럼
강대국 간에
수 싸움이
벌어지는
가운데

1969년 7월
미국은
아폴로 계획으로
인류 최초의
달 착륙에
성공했다.

달에…

정말로
갔어…

인류가
이토록 굉장한
일을 할 수
있는데…!

전쟁이나
벌일 때가
아니야…

남베트남군은
미국의 지원
아래 대군으로
늘어났지만

군 전체의
사기가
저하된 데다,
전투 능력이
미숙했기
때문에

닉슨의
생각과는 달리
남베트남의
상황은 불안정
하기만 했다.

닉슨은 대통령 취임
초기부터 베트남 전쟁을
명예롭게 종결하겠다는
'닉슨 독트린'을 내세웠으나,
곧바로 종전으로
향하지는 못했다.

무슨 수라도 써야 해.

세계 경제에서 기축통화인 달러의 위상이 위태로워진 그해,

서둘러 달러를 안전한 금으로 바꿔야 해!

달러를 가지고 있으면 손해야…?

한편 1971년 인플레이션과 군비 지출로 미국의 무역수지가 적자를 기록했다.

이제 달러를 금과 교환할 수 없습니다!

닉슨 정부는 달러와 금의 교환 중지를 선언했다.

이를 '닉슨 쇼크' 라고 부른다.

그러나 달러의 가치는 계속 하락했고 인플레이션을 잡지 못하면서 미국의 경기 침체는 더욱 심해지고 말았다.

이렇게 미국이 달러와 금의 교환을 보장해 세계 경제를 안정시킨 '브레튼우즈 체제'가 막을 내리게 되었다.

쳇, 중국에 선수를 빼앗겼나.

긴장 완화를 추진해온 건 우리인데…

**레오니트 브레즈네프**
소련 최고지도자

중국과 미국의 빠른 접촉에 당황했다.

이 시기 소련은 미국과 유럽에서 기술을 도입해 경제를 되살리는 등 서방 진영과의 긴장 완화(데탕트)를 추진해오고 있었는데,

닉슨은 미국 대통령으로서는 최초로 소련을 방문했다.

1972년 5월

이어 양국은 군비 확산을 억제하는 제1차 전략무기 제한협상 (SALT I)을 체결했다.

게다가 중국·소련의 지원을 받던 북베트남은 힘들어질 테지.

이걸로 일단 군비를 줄일 수 있게 되었군.

명예롭게 종결할 수 있겠어…

이걸로 늘어나기만 하던 우리의 군비에도 제동이 걸리겠군…

미국의 국내 정세는 더욱 불안정해졌다.

미소 간의 긴장 완화에도 큰 걸음이 내딛어졌지만

각국의 의도야 어떻든, 닉슨의 중국·소련 방문을 계기로 한국 전쟁 이후 계속되던 미중 간의 적대 관계에도 마침표가 찍히고

이건 공약 위반입니다!

대통령님은 전쟁의 종결을 호소해 당선되셨죠?

그런데 전쟁은 여전히 확대되고 있지 않나요?

명예롭게 종결하기 위해 전쟁을 지속하자는 대통령 닉슨과 국민의 목소리를 반영해 전쟁을 그만두자는 연방의회가 격렬하게 대립한 것이다.

**워싱턴 D.C. 연방의회**

지금부터 베트남 전쟁에 쓰일 예산의 삭감을 위한 결의를 진행하겠습니다!

1964년에 의회가 승인했던 '통킹 만 결의'의 철회를 요구합니다.

예산권을 가진 연방의회는 찬성표 다수로 예산을 대폭 삭감하는 결의를 통과시켰다.

닉슨은 의회에서 전쟁을 지속해야 하는 이유에 대해 호소했지만

이대로 가면 전황만 나빠질 따름입니다.

그건 알고 있다!

이 정도 예산으로는 라오스와 캄보디아에서의 군사 작전에 분명 지장이 생길 겁니다.

하아…
이렇게까지 예산을 삭감할 줄이야…

전쟁을 계속 치를 수밖에 없다!

하지만…
베트남화 정책을 달성할 때까지

1972년 봄 미국의 지원이 줄어들자

남베트남군은 북베트남군의 공격을 막지 못하고

라오스

북베트남

태국

**군사경계선
북위 17도선**

남베트남

마침내
군사경계선인
북위 17도선을
돌파당했다.

이렇게 된 이상
미군의 모든
전력을 쏟아부어
북베트남을
공격하라!

무슨 수를
써서라도
북베트남의
진군을 막아야
한다!

알다시피
전쟁은
어려운 상황에
부닥쳤다…

유례를
찾아보기
힘들 정도로
격렬하게
북베트남을
공격했다.

이렇게 닉슨은
군비의 제약을
받으면서도

**백악관
긴급회의**

164

우리 미국이 전쟁에서 패배했다고 하고 싶지는 않지만, 예산이 없으면 전쟁을 수행할 수 없다.

대통령님 께서 아직 싸우실 생각이라면

의회는 베트남 전쟁과 관련된 모든 예산 집행을 중지할 것입니다!

대통령의 결단에 연방의회는 거세게 반발했다.

이제 휴전밖에 방법이 없는 건가 …

결국 미국은 베트남에서 철수하기로 결정했다.

미국 측이 협상을 유리하게 진행하기 위해 전선을 확대하면서 진척되지 않고 있었다.

**프랑스 파리**

1968년 베트남 전쟁이 한창이던 이 시기부터 파리에서는 휴전을 위한 회의가 이루어지고 있었으나,

미국은 남북 베트남 및 NLF와 '파리 평화협정'을 체결했다.

그러던 1973년 1월 의회의 반발과 청년들의 반전 운동이 고조되자

그렇게 1973년 3월 베트남에서 미군이 완전히 철수했다.

그러나…
베트남 전쟁은
끝나지 않았다.

남북
베트남군의
전투는
그 후로도
이어졌지만

미국의
지원이 끊긴
남베트남군은
서서히 무너져
내렸다.

쾅

펑

타타타타

다다다

미군의
지원이 없으면
병사들의 사기도
떨어진다…

이대로
계속 싸워봤자
무의미한
죽음일 뿐이야.

한편 미국에서는 베트남 전쟁에서 철수한 뒤로도

닉슨 정부를 향한 비판은 나날이 늘어만 갔다.

닉슨 정부처럼 의회를 무시하고 전쟁이라는 수렁으로 빠뜨리는 잘못이 반복되지 않도록

대통령의 군 지휘권을 제한하는 「전쟁권한법」을 제정했다.

국민의 목소리를 받아들인 연방의회는

대통령 선거가 한창이던 1972년, 닉슨 측 관계자가 야당인 민주당 측 본부에 침입하는 사건이 발생했다.

또각
또각
또각

누구냐!

이때 그는 전화기에 도청기를 설치하고 있었다.

워터게이트 빌딩
미국 민주당 본부

이 일련의 과정을 '워터게이트 사건'이라고 한다.

닉슨은 재선에는 성공했지만

사건에 관여한 것으로 추정돼 1974년 스스로 사임했다.

이 '사이공 함락'으로 남베트남 정부는 결국 항복했다.

북베트남과 NLF가 남베트남의 수도 사이공을 함락했다.

미군의 철수로부터 2년 뒤인 1975년 4월…

북베트남 최고지도자의 이름을 따 수도 사이공을 '호찌민 시'로 개칭했다.

베트남 사회주의 공화국

호찌민 시 (구 사이공)

이듬해인 1976년 북베트남이 남북을 통일해 '베트남 사회주의 공화국'을 수립하고,

그러나 그 어디에도 호찌민의 모습은 보이지 않았다.

하지만… 여기에 이르기까지 너무나 많은, 그리고 큰 희생을 치렀습니다.

마침내 조국 베트남이 통일을 이룩했습니다.

**하노이 호찌민 묘**

호찌민 주석…

**레주언**
**통일 베트남 최고지도자**

살아남은 이들이 행복하게 살아갈 수 있도록 지켜봐 주십시오.

부디 사람들의 죽음이 헛되지 않도록…

조국의 통일을 보지 못하고 1969년 심장마비로 하는이 별이 되었다

베트남의 독립에 목숨을 바친 그는

전쟁터에서 입은
정신적인 피해로
일상생활을 하지
못하는 귀환병들이
사회문제로
대두되었다.

베트남과 마찬가지로
많은 희생자가 발생한
미국에서는…

이를
'베트남 신드롬'
이라고 한다.

미국 내에는
국제문제에
개입하는
국제경찰 역할을
꺼리는 분위기가
퍼져 나갔다.

베트남 전쟁의
패배로
초강대국이라는
자신감을
잃으면서

또 남베트남 정부는
잇따른 실정과
미국의 지원을
뒷배로 두고 부패해
전쟁 이전부터 이미
민심을 잃었다.

미국은
베트남을
깔보았다.

닉슨의 사임 이후 대통령으로 취임한 공화당의 '제럴드 포드' 부터

그다음 대통령인 민주당의 '지미 카터'까지 그 누구도 세계에서 리더십을 발휘하지 못했다.

더욱이 석유 가격의 급등으로 경기 침체가 발생하면서 거리는 실업자로 넘쳐났다.

**지미 카터**

**제럴드 포드**

'강한 미국'의 부활을 호소하며 대통령으로 당선된 '레이건'의 탄생을 맞이하면서 부터였다.

이런 미국이 자신감을 되찾은 때는 1980년대 초,

**로널드 레이건**

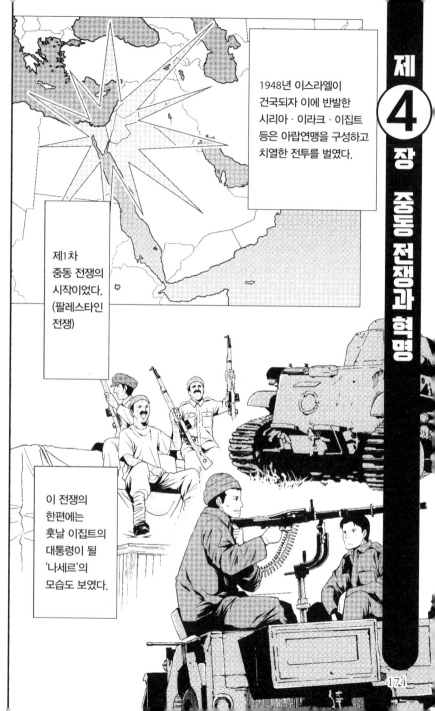

1948년 이스라엘이
건국되자 이에 반발한
시리아 · 이라크 · 이집트
등은 아랍연맹을 구성하고
치열한 전투를 벌였다.

제1차
중동 전쟁의
시작이었다.
(팔레스타인
전쟁)

이 전쟁의
한편에는
훗날 이집트의
대통령이 될
'나세르'의
모습도 보였다.

오 오 오 오

부패한
왕정을
몰아내자!

그렇게
1952년 7월
자유장교단이
일으킨
혁명으로

이집트에는
왕정이
무너지고
공화국이
탄생했다.

이집트 카이로

이집트인이
이집트인을
위한 정치를
해야 한다!

지금이야말로
동포들을
해방하고
영국에서
독립할 때야!

훗.

새로운
이집트의
시작입니다.

이어 국왕
'파루크 1세'가
축출되면서
왕정 시대는
막을 내렸다.

무하마드 나기브
이집트 공화국 초대 대통령

176

아랍어를 사용하는 아랍인이 단결해 아랍 세계의 통일을 요구해야 합니다!

그 후 1956년 국민투표를 거쳐 나세르가 38살의 젊은 나이에 대통령으로 선출되었다.

나세르!
나세르!
나세르!
나세르!

하나…

우리 국민의 앞에는 고난한 삶이 기다리고 있네.

이집트 혁명을 달성한 영웅으로서 아랍 국가들의 리더와 같은 존재가 되었다.

나세르는 아랍 민족주의를 내세웠는데,

177

모든 것이 부족합니다.

공업화에 필요한 전력…

농업의 근대화…

그럼 미국과 영국에 협력을 부탁하지.

…

그러나 대통령님, 댐을 건설하려면 막대한 자금이 필요합니다.

수력 발전으로 공업용 전력까지 확보할 수 있다.

중단되었던 국가사업… 아스완 하이댐 건설을 다시 시작하지. 댐이 있으면 농사에 필요한 농업용수를 비롯해서

우리 계획은…

이렇게 나세르 정부는 아스완 하이댐 건설을 위해 미국과 영국에 자금 원조를 부탁했다.

178

그렇게 수에즈 운하로
거두는 수익 대부분은
영국과 프랑스가
차지하게 되었다.

그 후 운하는 프랑스와
이집트가 공동으로 자금을 댄
수에즈 운하 회사가 운영했는데,
1875년 재정난에 빠진
이집트가 소유했던 주식을
영국 측에 매각했다.

나세르와 간부들은
프랑스와 영국이 차지하고 있던
수에즈 운하 경영권을 빼앗기 위해
비밀리에 계략을 꾸몄다.

나세르!

나세르!

수에즈
운하로
거두는
수익은

오만한
서구 열강이
아니라 우리
이집트인의
것이어야
합니다!

세계가
내 연설에
이목을 집중
하고 있다…

…좋아,
작전을
실행한다!

그 날부터 수에즈 운하 건설 계획이 시작되었습니다.

이집트에 도착한 그 날,

1854년 프랑스의 페르디낭 드 레셉스가

이윽고 신호를 받은 제압 부대가 작전을 개시했다.

다, 당신들 뭐, 뭐야!

페르디낭 드 레셉스가—

라디오에서 레셉스의 이름이 언급되는 순간이

작전의 신호였다.

신호다!

1956년 7월 이집트는 수에즈 운하의 이권을 되찾아오는 데 성공했다.

지금부터 수에즈 운하는 우리 이집트 소유다!

작전 개시!

아랍 국가들은 큰 지지를 보냈다.

이집트의 이러한 행동은 서구 각국의 큰 반발을 불러 일으켰지만

영국과… 크흠. 우리 프랑스의 재산이지요.

그러나 수에즈 운하는 우리 영국의 소중한 재산 입니다.

기 몰레
프랑스 총리

셀윈 로이드
영국 외무장관

수에즈 운하의 이권을 빼앗긴 영국은…

1956년 파리 근교

이집트가 수에즈 운하를 강탈했소.

그리고… 우리 이스라엘의 영토를 좀 더 넓히고 싶소만.

우리나라는 이집트에서 침입하는 게릴라로 인해 몹시 애를 먹고 있소.

디미드 벤구리온
이스라엘 총리

그 결과
아랍연맹은
많은 영토를
잃었고

수많은
팔레스타인 난민이
요르단 강 부근으로
밀려나게 되었다.

이전에 발발한
제1차 중동 전쟁은
이스라엘 건국에
반대하는 아랍연맹의
진군이 발단이었다.

흠…
이집트에 대한
실력 행사밖에
방도가
없겠군요!

이집트
국경 근처로
이스라엘
군대가
집결한
것이다.

그리고 7년 뒤인 1956년,
수에즈 운하의 이권을
둘러싸고 새로운 전쟁의
서막이 오르고 있었다.

계속 맞서 싸우자! 우리의 마지막 피 한 방울이 마를 때까지!

뉴욕 유엔 안전보장 이사회

미국 워싱턴 D.C.

대통령님 어떻게 대응하실 건가요?

일단 논의해 보겠습니다.

프랑스는 제안을 거부합니다.

프랑스 대표

반대합니다.

영국 대표

이스라엘의 철군을 요청합니다.

미국 대표

이집트가 침공당한 다음 날 미국은 이스라엘 측에 철군을 요청했으나, 영국·프랑스가 거부권을 행사해 결의되지 못했다.

끄응...

우리는 이집트 편에 선다.

영국과 프랑스가 계속 이집트를 공격한다면 즉각 미사일로 보복하라!

**흐루쇼프**
**소련 최고지도자**

**소련 모스크바**

국제 여론도 이에 동조했다.

즉각적인 정전을 요구하는 결의를 채택한다!

영국과 프랑스, 이스라엘에

이에 유엔 긴급 특별총회가 열렸고, 미국·소련이 협력해 정전을 요구했다.

곧이어 영국과 프랑스, 이스라엘 군대는 이집트에서 철수했다.

그렇게 수에즈 전쟁은 길어지지 않고 같은 해인 1956년에 끝을 맺게 되었다.

이스라엘 군대가 철수했다!

전쟁이 끝났다!

평화다!

평화가 찾아올 거야!

양국을 '아랍연합공화국'으로 통합하고 첫발을 내디뎠다.

아랍연합공화국

1958년 2월 1일 나세르와 시리아 대통령 '쿠와트리'는 논의를 통해

**슈크리 알 쿠와트리**
**시리아 초대 대통령**

이 전쟁을 통해 아랍 민족주의는 더 빠르게 자리 잡고

국제 사회는 나세르의 지도력을 새롭게 보기 시작했다.

영국이 시키는 대로 하는 왕정 반대!

우리도 이집트를 따라 공화정을!

국왕은 영국의 앞잡이냐!

한편 이라크에서도 나세르의 인기가 높아졌다.

나아가 1963년 아랍 민족주의 정권이 수립되었다.

1958년 민중의 소리에 힘입어 혁명이 일어나 왕정이 폐지되었고

압둘 살람 알리프(왼쪽)
압둘 카림 카심(오른쪽)

다양한 문제를 함께 논의하는 '아랍연맹 정상회의'가 개최되었다.

서아시아와 북아프리카의 정상들이 모여

아랍연맹 정상회의

1964년 나세르의 호소로

190

이스라엘 점령지 팔레스타인에서 아랍인을 해방시키기 위해

앞으로는 아랍 국가들이 서로 단결해야 합니다!

서구 제국주의 열강의 간섭과 이스라엘에 맞서기 위해

팔레스타인 해방기구 (PLO) 설립을 결정한다!

이후 유엔에서도 옵서버 국가※로 인정하면서

PLO의 존재감은 국제적으로도 높아졌다.

※ 유엔의 정식 회원국은 아니지만, 회의나 활동에 참여할 수 있는 국가

1974년 팔레스타인을 대표하는 유일한 조직으로 인정받았다.

짝 짝 짝 짝

PLO는 아랍연맹의 입김에 많은 영향을 받긴 했으나,

그러나 이러한 평화도 잠시, 1967년에 들어 시리아와 이스라엘의 충돌이 잦아지면서 시리아는 이집트와 공동방위 조약을 체결했다.

그렇게 1967년 5월 이집트는 이스라엘의 시리아 침공을 저지하고자 시나이 반도로 군대를 파병했다.

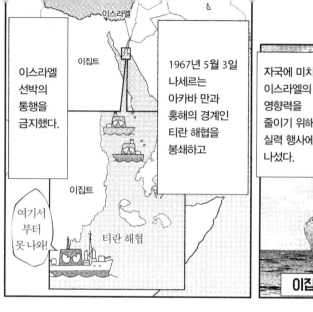

이스라엘 선박의 통행을 금지했다.

1967년 5월 3일 나세르는 아카바 만과 홍해의 경계인 티란 해협을 봉쇄하고

여기서 부터 못 나와!

이집트

티란 해협

자국에 미치는 이스라엘의 영향력을 줄이기 위해 실력 행사에 나섰다.

PLO와의 관계가 있던 시리아와 이집트는

**이집트 티란 해협**

같은 해 6월 5일

**이집트 공군기지**

우우

슈우

우우

우우

이딴 식으로 술수를 부리면

우리도 전력으로 상대해 주마!

이스라엘군이 이집트의 공군기지를 급습하면서

우쾅

아아앙

이스라엘 공군이다!

으악!

1967년 6월 제3차 중동 전쟁이 발발했다.

이 전쟁은 '6일 전쟁'이라고도 불리는데…

이스라엘군은 이집트 공군을 기습한 데 이어 지상군을 보내 요르단 강 서안과 가자 지구를 점령했다.

이들은 겨우 6일 만에 이집트와 시리아를 물리쳤다.

아아, 결국 이스라엘은 이길 수 없나…

전쟁은 이스라엘의 압승으로 끝이 났다.

□ 이스라엘 점령지

【제3차 중동 전쟁 이후】

레바논
시리아
지중해
이스라엘
수에즈 운하
요르단
이집트
사우디 아라비아

기존 영토의 4배 이상을 점령하면서

제3차 중동 전쟁에서 일어난 이집트의 패배는 중동 정세에 큰 변화를 가져왔다.

이집트의 권위가 실추되고 아랍 민족주의의 영향력이 약해진 반면,

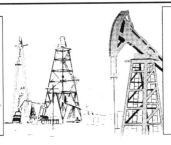

이에 따라 1960년에는 석유의 생산량과 가격을 결정하는 '석유 수출국 기구(OPEC)'가 출범되고,

세계 경제가 성장해 석유에 대한 수요가 높아지면서 산유국들에 힘이 실리기 시작했다.

1968년에는 아랍 국가 간의 석유 정책 협력을 도모하기 위한 '아랍 석유수출국 기구 (OAPEC)'가 결성되었다.

**〈OAPEC 회원국〉**
- 사우디아라비아
- 알제리  · 바레인
- 이집트
- 아랍에미리트
- 이라크  · 쿠웨이트
- 리비아  · 카타르
- 시리아

**〈OPEC 회원국〉**
- 이란  · 이라크
- 쿠웨이트  · 사우디아라비아
- 베네수엘라  · 리비아
- 아랍에미리트
- 알제리  · 나이지리아
- 가봉  · 앙골라
- 적도 기니  · 콩고 공화국

(2020년 기준)

아랍 민족주의는 시리아에서 기원했는데,
시리아의 정당 '바트당'은 이를 강조하면서
이라크와 요르단에까지 지부를 넓혔다.

이라크에서는 1968년 바트당이
쿠데타를 벌여 정권을 뒤엎고
'사담 후세인'이 병약한 대통령을
대신해 실권을 잡았다.

그렇게 시리아에서는 1963년
바트당이 정권을 장악하고
1971년 '하페즈 알아사드'가
대통령으로 선출되었다.

하지만 아랍
민족주의자들
역시 꿋꿋하게
급진적인
지도자를
내세웠다.

이라크

시리아

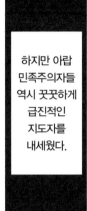

제3차 중동 전쟁에
승리해 얻어낸
광활한 점령지와
떠안게 된 수많은
팔레스타인인으로
인해 국내 사정이
복잡해지게 되었다.

이 무렵
전쟁에서 승리한
이스라엘은
주변국에 군사적
우위를 드러낼 수
있었지만,

예, 맡겨만 주세요.

이제 자네가 우리 민족의 지도자야.

부탁하네, 아라파트.

PLO 또한 이집트의 영향권에서 멀어지게 되었는데…

1969년 이스라엘과 전쟁을 벌이던 게릴라 조직이자 팔레스타인의 정당인 '파타'의 지도자 '야세르 아라파트'가 PLO의 제3대 의장으로 취임했다.

**야세르 아라파트**

**팔레스타인 PLO 본부**

PLO는 점차 수단을 가리지 않는 과격한 조직으로 변해갔다.

제3차 중동 전쟁 이후 이스라엘에 빼앗긴 영토를 수복하고

조국을 독립시키기 위해

이스라엘 어느 도시

퍼 어 어 펑

PLO의 소행 이야!

포, 폭탄 테러다!

'요르단 내전'이 발발한 것이다.

1970년 요르단이 PLO를 억제할 목적으로 모든 정당 활동을 금지하자

PLO는 이에 반발하며 요르단 정부에 저항했다.

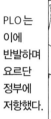

그따위 지시를 따를 것 같아?! 저항하겠어!

앞으로 정당 활동 하지 마! 무기의 휴대, 보관도 금지야!

같은 아랍인으로서 단결해도 모자를 판에…

…

**안와르 사다트**
이집트 부통령

이집트 카이로

아랍 동포끼리 싸울 줄이야….

아랍 통일을 위해!

심려 말게. 내가 나서서 중재하지.

198

그러나
…

대,
대통령
님!?

나세르
대통령님!

1970년 9월
요르단에서 벌어진
내전을 안건으로
아랍연맹 정상회의가
개최되었다.

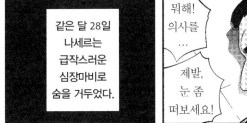

같은 달 28일
나세르는
급작스러운
심장마비로
숨을 거두었다.

뭐해!
의사를
…

제발,
눈 좀
떠보세요!

대통령
님!

대통령님
정신
차리세요!

우리는
…

오늘
가장 위대한
인물을
잃었소.

**카이로**

무슨
발표가
있나 본데?

속보
입니다.

오잉?
사다트
네?

부통령이
웬일이지?

뭐…
뭐라고?

나세르
대통령
님께서
…!

알라께서
우리의 영웅
나세르를
사랑으로
거두셨소
…

앞으로
우리는
한 사람 한 사람
나세르의 뜻을
이어가야만
하오!

나세르…
그 젊었던
장교 시절부터
나는 줄곧
자네의 동지이자
부관이었네.

그러니
부관인 내가
자네의 뜻을
이어 가겠네
…!

아랍의 통일과
아랍이 승리할
그 날까지
선두에서
투쟁하겠다
다짐한…
나세르
대통령을
말이오.

200

그는 1971년 9월 시리아가 탈퇴한 이후로 이집트만 남아 있던 아랍연합 공화국을 해체하고

나세르의 뒤를 이어 대통령으로 취임한 사다트는 다양한 개혁을 추진했는데,

척 척 척

이스라엘 놈들…

시나이 반도를 반드시 되찾겠다!

은밀히 군사력을 강화했다.

국호를 '이집트 아랍 공화국'으로 바꾼 뒤

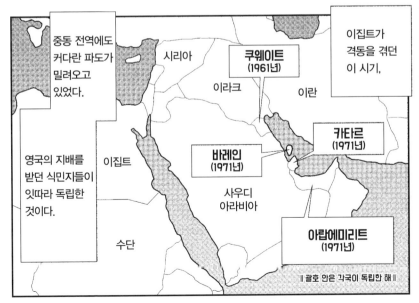

중동 전역에도 커다란 파도가 밀려오고 있었다.

영국의 지배를 받던 식민지들이 잇따라 독립한 것이다.

이집트가 격동을 겪던 이 시기,

시리아

이라크

이란

쿠웨이트
(1961년)

카타르
(1971년)

바레인
(1971년)

이집트

사우디
아라비아

아랍에미리트
(1971년)

수단

‖ 괄호 안은 각국이 독립한 해 ‖

욤키푸르 전쟁의 시작이었다. (제4차 중동 전쟁)

공습 경보!

이집트군과 시리아군의 기습이다!

슈우우웅

이스라엘-시리아 국경 지대

1973년 10월 6일 이집트와 시리아는 제3차 중동 전쟁에서 빼앗긴 영토를 수복하기 위해 이스라엘에 기습을 가했다.

콰 쾅

우리의 승리다!

기습 성공이야!

이스라엘 군이 퇴각한다!

그르렁 그르렁 그르렁

이스라엘 역시 곧바로 반격을 개시했다.

첫 번째 전투에서는 기습을 가한 이집트와 시리아가 승리했지만

10월 16일
이스라엘군은 수에즈
운하를 건너 이집트로
쳐들어갔다.

사우디아라비아의
주도로 전황을
지켜보고 있던
아랍 산유국들이
이집트 편에
선 것이다.

이교도
이스라엘의
이집트 침공을
좌시할 수 없네!

**사우디아라비아**

이때 아랍
산유국들이
움직이기
시작했다.

우리는
아랍의
일원이다.

그러려면 이스라엘과
협력하는 서방 진영을
손 떼게 만들어야겠군.

어떻게
?

일단
이스라엘을
저지해야
하는데…

**파이살 빈 압둘아지즈**

이, 이게 무슨 일이람…

이스라엘 협력국에는 기름값을 4배로 올리겠다!

다음 날인 10월 17일 페르시아 만 6개국이 석유 가격 인상을 발표했다.

이어 11월에는 이스라엘 협력국에 석유 수출을 중지하기로 결정했다.

당시 일본에서는 석유 파동으로 인해 경제가 후퇴했는데,

이를 '석유 파동 (오일 쇼크)' 라고 부른다.

공장을 돌릴 수 없잖아!

물자가 부족하다는 소문이 나돌면서 화장지를 사재기하는 소동까지 벌어졌다.

어휴, 주유소에 줄 좀 봐!

한 사람당 1개씩 화장지

세계 경제는 세계대전 이후 첫 마이너스 성장을 기록했다. 전 세계 차원의 불황…

이는 미국과 대한민국, 일본 등의 서방 진영을 크게 흔들어 전쟁이 시작되고 한 달 정도 지날 무렵, 미국을 비롯한 유엔이 이스라엘의 승리가 점쳐지자 중재에 나서면서 양측은 휴전을 맺게 되었다.

이스라엘 놈들 왜 이리 강해!

퇴각하라!

이스라엘 측에 시나이 반도의 반환을 요구할 수 있었다.

반면 이집트는 전쟁에는 패배했으나, 석유를 이용한 전략에 성공하면서 발언권이 강해졌기에

돌려줘!

군 비

첫 번째 전투의 패배와 국가 예산의 1.5배로 불어난 군비로 인해 큰 타격을 받게 되었다.

비록 이스라엘은 전쟁에는 승리했으나,

군사와 정치, 경제를 위해 그간 우리를 지원하던 소련 대신 미국과 친해질 필요가 있소.

자본주의 노선을 택해 경제를 발전 시킵시다.

맞죠.

이 이상 싸움을 지속하기는 어렵소.

잦은 전쟁으로 인해 우리나라는 파산 직전 이오.

갈씀하신 대로 입니다.

그러나 이때 이집트 에서는 …

이집트 카이로 대통령 관저

미국 또한 냉전 중이던 소련의 영향권 내에서 이집트를 빼내고 싶었다.

조국의 평화와 경제 발전을 위해서는

어쩔 수 없소.

미국의 동맹국인 이스라엘을 적대하기 어려워지는 데요…

그, 그치만 친미 노선을 선택하면

나는 아랍과 이스라엘의 평화공존을 원하오.

이스라엘 국회

1977년

사다트는 아랍의 정상으로서는 최초로 이스라엘을 방문했다.

…

메나헴 베긴 이스라엘 총리

그 요청을 그대로 받아들일 수는 없습니다.

팔레스타인 사람들의 인권과 민족 자결권을 존중해주길 바라오.

이 깜짝 방문은 국제사회를 놀라게 했다.

이를 위해 이스라엘이 제3차 중동 전쟁에서 점령한 시나이 반도에서 철수하고

206

의견 차이가 있더라도 일단 대화를 해봅시다.

다만…

이윽고 이스라엘이 협상에 응하면서 양국은 평화에 관해 논의하게 되었다.

1978년 미국 대통령 '지미 카터'의 중개로 이스라엘과 이집트 양국은 평화합의를 발표하고 이듬해 평화협정에 서명했다.

**지미 카터**
미국 대통령

**캠프데이비드**
미국 대통령 별장

그러나 이 협정을 지켜보고 있던 PLO와 다른 아랍 국가들이 비판하고 나서면서 이집트는 고립되고 말았다…

나는 양국의 평화를 위해서라면 그곳이 지구 반대편이라도 찾아갈 거요.

이 협정은 합의가 진행된 장소에서 이름을 따와 '캠프데이비드 협정' 이라고 불린다.

그 후 1981년 제4차 중동 전쟁 전승기념 퍼레이드가 이집트의 수도 카이로에서 개최되었다.

퍼레이드를 관람하던 사다트는

이스라엘군의 시나이 반도 철수, 가자 지구 및 요르단 강 서안 지구에서의 팔레스타인인 자치권 보장 등 서로 타협을 통해 결정한 사안도 있지만

캠프데이비드 협정은 첫발을 내디뎠을 뿐, 완전한 평화로는 나아가지 못했다.

지중해

요르단 강 서안 지구

가자 지구

시나이 반도 | 철수

팔레스타인인의 권리와 국가 수립을 둘러싼 '팔레스타인 문제'라는 근본적인 갈등은 그대로 남아 있었기 때문이다.

시나이반도 반환 이후 이스라엘 지배 지역

팔레스타인 자치 영역

그의 정책에 반대하는 무슬림 형제단 소속 과격파에 의해 암살되었다.

이란에서는 다른 중동 국가보다 이른 1950년대부터 민족운동이 활발해졌다.

한편 시선을 돌려

이란 국민들 사이에 석유를 독점한 영국에 대한 불만이 높아지면서 민족주의 운동에 불이 붙게 되었다.

1908년 이란에서 유전이 발견된 뒤로, 영국은 이란에서 석유 이권을 독점했는데…

앵글로-이라니안 석유회사를 접수해 국유화를 단행하자!

그렇게 1951년 3월 급진 민족주의 세력이 정권을 잡았다.

모하마드 모사데그
총리

1953년 쿠데타가 발생해 모사데그 정권이 무너졌다.

석유를 통한 수입이 급감하면서 재정난에 빠졌다.

그 결과 이란은 세계 석유 시장에서 밀려났고

**팔레비 2세**
**이란 제2대 샤**

고오오오

이 쿠데타는 영국과 미국 CIA의 사주로 일어났는데, 이들은 서로 협력해 석유 수익의 일부를 차지했다.

샤는 친서방 인사인 '자헤디'를 총리로 임명하고,

이란의 유전을 국제 석유 회사가 운영하도록 했다.

이때 모사데그 정권과 대립하다 국외로 망명했던 샤 '팔레비 2세'가 이란으로 귀국했다.

**파즐롤라 자헤디**
**총리**

팔레비 2세는 미국의 원조와 석유로 벌어들인 수익으로 군대와 수도의 근대화를 강행했다. (백색 혁명)

이 시기 이란 정부는 이슬람교를 '시대에 뒤떨어진 종교'로 간주했기에 근대화를 추진해 전통문화에서 탈피하고자 했다.

그렇게 여성참정권이 도입되고 거리에는 '차도르'※가 아닌 양복을 입은 여성이 늘어났지만

혁명을 너무 급작스럽게 진행해 사회에 큰 혼란을 불러일으켰다.

※ 이란의 무슬림 여성들이 입는 전통복

비밀경찰 (사바크)을 이용해 반정부 세력을 탄압했다.

샤는 의회를 정지한 뒤 독재를 자행했고

그중에서도 토지개혁으로 인한 혼란이 컸는데, 여기에 빈부 격차까지 더욱 심화되었다.

국민들의 민족의식과 샤의 권위를 높이고자 했다.

또 아케메네스조 페르시아 시대부터 이어져온 이란의 역사를 강조함으로써

국민들은 정부가 초청한 해외의 예술가들을 보며 개방된 문화를 즐길 수 있었다.

1967년부터 1977년까지 세 번째 왕비인 '파라 팔레비'의 주도 아래 '쉬라즈 예술제'가 개최되었다.

**파라 팔레비**
이란 세 번째 왕비

1971년에는 이란 건국 2500주년 기념행사가 고대 도시인 페르세폴리스에서 열렸고,

왕비님의 초상화를 그려볼까 해요.

또 미국의 저명한 예술가 '앤디 워홀' 역시 초청을 받았다.

**앤디 워홀**

당시 일본에서도 극작가 '데라야마 슈지'가 초청을 받아 《어느 가족의 피의 기원》※1을 상연했다.

※1 天井桟敷(극단) / 寺山修司(각본), 《ある家族の血の起源》, 197

이를 달가워 하지 않는 국민들도 많았다.

이렇듯 파라는 거금을 들여 행사를 화려하게 개최했다.

그러나 …

고마워요. 영광 이에요.

정치범 이라니. 그럴 리가 있나…

들자 하니 우리 큰아버지께서 비밀경찰에게 체포되셨다더군.

우리 서민들의 삶은 여전히 힘들어.

왕비들은 저렇게나 사치를 부리는데…

왕비들의 사치에 비하면…

뭐, 그렇긴 한데…

하지만 샤가 토지개혁을 해서 우리 소작농들의 삶이 많이 나아진 것도 사실이지.

1962년에는 작가 '잘랄 알레 아흐마드'가 집필한 『서구중독증』[2]이 출판되면서 국민들에게 많은 공감을 받았다.

이 책의 말대로야.

전통을 경시하고 서양을 숭배하는 '서구중독증'이 이란을 파괴하고 있어.

더구나 농민의 생활 수준을 끌어올리기 위해 시행된 토지개혁은

그때껏 많은 토지를 소유함으로써 권세를 떨치던 이슬람교 종교 지도자 '물라'들의 반발을 초래했다.

※2 Jalal Al-e-Ahmad, 『Gharbzadegi』, 1962

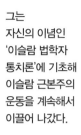

그는
자신의 이념인
'이슬람 법학자
통치론'에 기초해
이슬람 근본주의
운동을 계속해서
이끌어 나갔다.

호메이니의
사상적 배경에는
이슬람교 종파 중
하나인 시아파의
가르침이 있었다.

와아 아아아아아

1978년 국민들이
친미 노선을 택한
팔레비 2세의
통치에 반발해
시위를 벌였다.

1979년 1월 16일
결국 팔레비 2세는
국내의 혼란을
수습하지 못하고

국외로
도주했다.

샤는
알라의 적!

샤에게
죽음을!

그리고
국민의
적이다!

근대화와
서구화는
필요 없다!
코란의
가르침에
따르자!

1979년 2월 1일 이란으로 귀국해 혁명 정부를 수립했다.

그 당시 프랑스에 망명 중이던 호메이니는

이로써 호메이니를 최고지도자로 하는 '이란 이슬람 공화국'이 탄생했다.

호메이니 님께서 15년 만에 돌아오셨다!

호메이니!

호메이니!

이를 '이란 혁명'이라고 한다.

1979년 3월 31일 국민투표가 실시되고 국민들은 이슬람 공화정을 선택했다.

'이란 이슬람 혁명'이라고도 하는 이 혁명은 전 세계에 충격을 주었다.

미국 진입하라!

미국 대사관으로 간다!

미국이고 샤고 용서하지 마라!

미국에 죽음을!

샤에게 징벌을!

이에 이란에서는 학생들이 미국에 반발하며 시위를 일으켰는데,

이후 팔레비 2세가 암을 치료하기 위해 미국에 간 것이라는 뉴스가 퍼졌으나 사실상 망명이었다.

이 놈을!

뭐? 미국에 갔다고?

대사관원을 1년 이상 연금했다.

미국 대사관을 점거하고

1979년 아랍 민족주의를 표방하는 바트당의 사담 후세인이 대통령으로 취임했다.

이 시기 이란의 이웃 이라크에서는

그렇게 미국과 이란의 관계는 파탄 났다.

무슨 말도 안 되는 소리야!

이란 정부는 학생들의 행동을 칭찬한다!

217

주변국으로 전염될 지 모르니 영향력을 꺾어야겠어.

이란의 시아파 혁명 정부가 페르시아 만에서 존재감을 높이고 있는 것 같더군.

부우우웅

이란 놈들, 이 일을 시작으로 영토 문제까지 매듭지어주마.

수니파인 우리 이라크가 움직일 때다.

1980년 9월 22일 이라크가 이란을 급습하면서

8년간 이어질 이란-이라크 전쟁이 이렇게 시작되었다.

시아파의 영향력이 커지는 것을 우려한 이라크는 이란과 전쟁을 벌였다. 이에 다른 페르시아 만(걸프)의 국가들은 이라크를 지원했다.

슈우우웅

그렇게 되면 좋겠지만…

그만. 이 전쟁은 우리에게 유리한 싸움이다.

걱정 마라. 미국이 반미 노선을 택한 이란을 적대시하고 있으니

반드시 우리나라에 무기를 지원해 줄 것이다.

장기전은 우리 측이 불리 합니다…

이라크군 작전 본부

이란

웽~

웽~

아가야… 요즘 들어 잦아지는 구나.

할머니, 무서워. 또 공습 경보가…

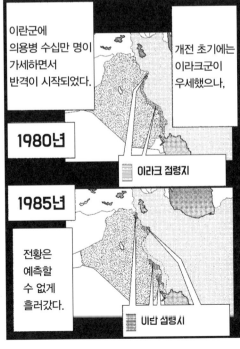

이란군에 의용병 수십만 명이 가세하면서 반격이 시작되었다.

개전 초기에는 이라크군이 우세했으나,

1980년

이라크 점령지

1985년

전황은 예측할 수 없게 흘러갔다.

이란 섬령시

듣자 하니

조카네는 무사하다니? 연락이 되질 않아.

딸! 방독면 챙겨!

자, 어서 대피 준비 하세요!

이라크군은 화학무기를 사용한다던데.

이라크는 서방 국가와 미국에서 화학약품을 수입해 화학무기 개발에 주력했다.

부우우웅

그래서 방독면을 챙긴 거죠. 어서 가요!

그렇게 양국은 국토만 피폐해지고 전쟁 이전과 똑같은 국경선으로 종전을 맞이했다.

1988년 유엔의 정전협정을 양국이 수락하면서 종결되었다.

이슬람 혁명으로 사기가 오른 이란…

미국의 지원을 받아 군사력이 막강해진 이라크와

양국의 공방으로 8년간 이어진 이란-이라크 전쟁은

이라크

이란

혁명이 주변국으로 퍼져서는 안 됩니다.

소련은 이란 혁명이 성공하자 자국 내에 이슬람주의가 활발해질까 우려했다.

한편 이란 혁명을 두려워한 또다른 나라가 있었으니,

바로 소련이다.

모스크바 크렘린

무슨 수를 써야 합니다!

이건 외교상으로도 문제요!

안드레이 그로미코
소련 외무장관

이슬람주의의 영향을 받아 소련과 거리를 두려고 하자

1978년 사회주의 혁명으로 친소 노선을 걷던 아프가니스탄이

흠…

군사 개입이라… 되돌릴 수 없게 되고

군비가 소모 되겠지만…

불씨가 커지기 전에 군사를 보내 진압합시다.

드미트리 우스티노프
소련 국방장관

221

결코 벌어져선 안 될 일입니다!

우리 진영에서 아프가니스탄을 잃는 것만은…

이 사건은 미국─소련 간의 긴장을 고조 시켰고 훗날 소련의 붕괴에 영향을 주었다.

1979년 12월 소련은 정규군을 보내 아프가니스탄을 침공했다.

그 결과 서방 국가들은 에너지 대책을 강구하게 되었다.

선박을 무차별적으로 공격했고, 이로 인해 유가 급등이 초래되면서

미·소 양국은 이란─이라크 전쟁 도중 페르시아 만의 석유 수출을 저지하기 위해

이집트에서는
사다트의 암살
이후 대통령으로
취임한 '호스니
무바라크'가

장기
집권을
구축했다.

팔레스타인 문제는
오늘날까지도
민족과 종교의 문제가
복잡하게 얽혀 있어
근본적인 해결책이
보이지 않는다.

평화와는
동떨어진
세계가 펼쳐졌고
지금 이 순간에도
펼쳐지고 있다…

이후로도
중동에서는
전쟁의 불씨가
끊임없이
타올라

## 주요참고도서·자료

**【서적】**

- 山川出版社,『新世界史B』(개정판) /『詳説世界史B』(개정판) /『山川 詳説世界史図録』(제2판) /『世界史用語集』(개정판)
- 岩波書店,『蔣介石と毛沢東 世界戦争のなかの革命』/『世界史年表』(제3판) /『戦場の枯葉剤·ベトナム·アメリカ·韓国』/『社会主義への挑戦 1945-1971』/『ホー·チ·ミン-民族解放とドイモイ』
- 御茶の水書房,『フルシチョフ権力の時代』
- 講談社,『世界史の中のパレスチナ問題』
- 彩流社,『ケネディと冷戦·ベトナム戦争とアメリカ外交』
- 作品社,『イラン, 背反する民の歴史』
- 社会思想社,『ベトナム戦争全史-歴史的戦争の解剖』
- 中央公論新社,『キューバ危機·ミラー·イメージングの罠』/『ニクソンとキッシンジャー 現実主義外交とは何か』
- 東京大学出版会,『現代国際関係史-1945年から21世紀初頭まで』/『現代中国の歴史·両岸三地100年のあゆみ』(제2판)
- 東京大学東洋文化研究所,『エジプトの自画像 ナイルの思想と地域研究』
- 風媒社,『イスラームとモダニティ 現代イランの諸相』
- 山川出版社,『朝鮮現代史』
- 有斐閣,『アメリカ政治史』/「危機の年」の冷戦と同盟-ベルリン, キューバ, デタント 1961-63年』/『国際政治史-主権国家体系のあゆみ』
- 明石書店,『アフリカの歴史 侵略と抵抗の軌跡』
- 朝日新聞出版,『中東戦争全史』
- 大月書店,『輪切りで見える! パノラマ世界史⑤ 変わりつづける世界』
- 技術評論社,『改訂新版 地球がわかる』
- 講談社,『興亡の世界史』/『中国の歴史』/『毛沢東と周恩来』
- 彩流社,『冷戦 その歴史と問題点』
- 人文書院,『文化大革命 人民の歴史1962-1976』
- 中央公論新社,『世界の歴史29冷戦と経済繁栄』/『物語 イスラエルの歴史 アブラハムから中東戦争まで』/『冷戦の起源 戦後アジアの国際環境』
- 名古屋大学出版,『グローバル冷戦史』
- ニュートンプレス,『ニュートン別冊 天気と気象の教科書』
- 白水社,『ベルリン危機1961 ケネディとフルシチョフの冷戦』
- 原書房,『第三次中東戦争全史』
- みすず書房,『パレスチナ問題』
- メイツ出版,『みんなが知りたい! 地球のしくみと環境問題 地球で起きていることがわかる本』
- 山川出版社,『アラブ連盟 ナショナリズムとイスラームの交錯』

**【WEB】**
朝日新聞記事データベース 聞蔵Ⅱ, NHK高校講座 世界史, NHKスペシャル「映像の世紀」デジタルリマスター版 第8集·第9集, 国立公文書館 アジア歴史資料センター, 国立国会図書館, NHK for School

## 이 책을 만든 사람들

- 감수: 하네다 마사시(HANEDA MASASHI)
  도쿄대학 명예 교수

- 플롯 집필·감수:
  제1장 와다 류타(WADA RYUTA)
       도카이대학 전임강사
  제2장 구보 도루(KUBO TORU)
       신슈대학 특임교수
  제3장 와다 류타(WADA RYUTA)
       도카이대학 전임강사
  제4장 데라다 유키(TERADA YUKI)
       도쿄대학 도쿄칼리지 특임연구원

- 자켓·표지: 곤도 가쓰야(KONDOU KATSUYA)
  스튜디오 지브리

- 만화 작화: 시라이 산지로(SHIRAI SANJIROU)
          나가쓰키 미소카(NAGATSUKI MISOKA)

- 내비게이션 캐릭터: 우에지 유호(UEJI YUHO)

## 차별적 표현에 대하여

『세계의 역사』시리즈에는 현대를 살아가는 우리가 입에 담아서는 안 될 차별적인 표현을 사용한 부분이 있습니다. 역사적 배경이나 시대적 관점을 보다 정확하게 전달하기 위해, 불편함을 무릅쓰고 꼭 필요한 최소한의 용어만 사용했습니다. 본 편집부에게 차별을 조장하려는 의도가 없다는 점을 알아주시길 부탁드립니다.

– 원출판사의 말

## 냉전과 흔들리는 초강대국

### (1955년~1980년)

초판인쇄 2022년 12월 30일
초판발행 2022년 12월 30일

감수 하네다 마사시
옮긴이 일본콘텐츠전문번역팀
발행인 채종준

출판총괄 박능원
국제업무 채보라
책임번역 손봉길
책임편집 김도헌
디자인 홍은표
마케팅 문선영 · 전예리
전자책 정담자리

브랜드 드루주니어
주소 경기도 파주시 회동길 230 (문발동)
문의 ksibook13@kstudy.com

발행처 한국학술정보(주)
출판신고 2003년 9월 25일 제406-2003-000012호
인쇄 북토리

ISBN 979-11-6801-794-8 04900
979-11-6801-777-1 04900 (set)